Des Ballons Aerostatiques: De La Maniere De Les Construire, De Les Faire Elever

Barthelemy Faujas De Saint-Fond

Barthélemy Faujas de Saint-Fond (handwritten)

DES
BALLONS
AÉROSTATIQUES,

DE

LA MANIÈRE DE LES CONSTRUIRE,

DE LES FAIRE ÉLEVER:

AVEC

QUELQUES VUES POUR LES RENDRE UTILES.

On y a joint l'HISTOIRE DES BALLONS les plus
finguliers, foit par la manière dont ils furent conftruits, foit par l'élévation où ils font parvenus,
& leur capacité.

Orné de planches en taille-douce.

A LAUSANNE,
Chez J. P. HEUBACH & COMP.

M. DCC. LXXXIV.

Pl. III

Expérience faite à Versaille.
par M. Montgolfier, le 19. Sept. 1783.

MONTGOLFIER nous apprit à créer un nuage ;
Son génie étonnant auffi hardi que fage,
Sous un immenfe voile enfermant la vapeur,
Par la capacité détruit la pefanteur.
Notre audace bientôt en faura faire ufage :
Nous foumettrons de l'air le mobile élément,
Et des champs azurés le dangereux voyage
Ne nous paroîtra plus qu'un fimple amufement.

Par M. GUDIN DE LA BRENELERIE.

DISCOURS

PRÉLIMINAIRE.

LA découverte de MM. de Montgolfier a produit une grande senfation dans
l'Europe , & elle eft inconteftablement
le fruit du génie ; mais jufqu'à préfent
les détails des belles expériences qui ont
été faites à ce fujet , font fi peu connus, & tout ce qu'on en a rapporté eft fi
vague , & fouvent fi contradictoire, que
les perfonnes éloignées de la capitale ,
fe font trouvées dans une incertitude &
un embarras qui ne leur a pas permis
de fuivre une carrière auffi neuve & auffi
intéreffante.

C'eft dans l'intention de parer à cet
inconvénient, & de donner aux favans
une preuve du defir que j'ai de faire quel-

que chofe qui puiffe leur être agréable ,
que je m'empreffe de publier des faits
que j'ai fuivis moi-même avec attention;
j'ai tâché de ne négliger aucune des circonftances qui pourroient tendre à donner
des éclairciffemens fur cette matiere.

Toutes les perfonnes inftruites, & qui
prennent intérêt aux fciences, ont très-
bien fenti le mérite de cette découverte,
& ont rendu juftice à ceux qui en
étoient les inventeurs ; mais , comme
l'on ne doit pas s'attendre que les hommes aient tous le même génie & la
même façon de penfer, & qu'il en eft
d'affez malheureufement nés, pour n'ap-
prouver que ce qu'ils ont fait eux - mêmes, MM. de Montgolfier ont dû trouver quelques contradicteurs & des jaloux.
Ils ont été , à la vérité, en bien plus
petit nombre dans un fiècle éclairé , que
dans un tems où il y auroit eu moins d'inftructions; un feul n'a pas craint d'avancer

qu'il avoit eu depuis plus d'un an le projet d'exécuter une Machine aéroſtatique en taffetas enduit de gomme élaſtique, qu'il vouloit remplir d'air inflammable. Mais il n'eſt point de découverte que l'ignorance ou la médiocrité n'enlevât au génie, en employant un pareil langage. Quelques autres, moins mal intentionnés, mais nés avec un eſprit inquiet, & poſſédés de la manie de vouloir ôter toute eſpèce de découverte à leurs contemporains, ont prétendu que MM. de Montgolfier avoient eu parmi les auteurs anciens des guides qui les ont dirigés, & que leur expérience n'eſt pas nouvelle. Ces derniers voulant prouver leur aſſertion, ſe ſont enfoncés dans l'érudition, & ont bouleverſé des bibliothèques entières ; ils ont cité *Lana, Leibnitz, Borelli, le père Galien*, & juſqu'à un manuſcrit eſpagnol, qu'on a d'abord dit exiſter à la bibliothèque du Roi, & enſuite dans celle de Turin. Comme ce manuſcrit n'eſt certainement pas à Paris, & qu'on n'a donné aucune preuve qu'il fût dans la bibliothèque du roi de Sardaigne, & ſur - tout comme on n'a pas dit un mot de ce qu'il contenoit, il eſt inutile d'en parler davantage. Quant à Leibnitz & à Borelli, ces deux ſavans, loin de donner des idées ſur la manière de s'enlever, en ont au contraire l'un & l'autre nié la poſſibilité.

Lana & Galien méritent plus d'attention; le livre de ce premier auteur étant très-rare, j'entrerai dans quelques détails à ſon ſujet ; je rapporterai auſſi quelques paſſages curieux du père Galien, dont l'ouvrage tombé dans l'oubli, quoique le fruit d'une imagination vive & ſyſtématique , n'eſt pas dénué de tout mérite.

Le jéſuite Pierre - François Lana de Breſcia , publia en 1670 un ouvrage italien, qui a pour titre *Prodomo dell'arte maeftra. Brefcia , 1670 , nella ftamperia dei Rizzardi* , in-folio , avec des gravu- res. Ce livre eft extrêmement rare , & l'exemplaire que j'ai confulté eft celui de la bibliothèque du Roi (1).

L'on trouve dans le chapitre 6 , le projet de *conftruction d'un navire qui de- voit fe foutenir & voyager dans l'air à voile & à rames.*

Les principaux agens de cette machi- ne , confiftoient en quatre Sphères ou Globes , dans lefquels le vide parfait devoit être produit. Leur diamètre étoit de 20 pieds ; leur fuperficie , felon les calculs de l'auteur , de 1232 pieds, & leur folide de 5749 pieds ⅐. Mais outre

(1) Quoique la bibliothèque fût fermée à caufe des vacances, M. l'Abbé des Aulnays , qui facrifie fon repos au foin de fa place & à l'avantage des fcien- ces, a bien voulu fe prêter à toutes les recherches qui pouvoient m'intéreffer.

que ces proportions ne font pas exactes ; c'eft que fa manière d'opérer le vide eft des plus défectueufes ; car il exigeoit pour cela de remplir les Ballons d'eau, de les vider, & de fermer tout de fuite le robinet par où l'eau devoit s'échapper. Enfin, *Lana* ne donnant à l'épaiffeur de fon cuivre que ⅄ de ligne, rendoit l'exécution de fes Globes abfolument impoffible. Auffi Leibnitz qui a commencé ce projet, conclut avec raifon de l'exceffive ténuité de cette enveloppe, que la chofe ne pouvoit pas avoir lieu ; *quod fieri nequit.*

Comme la gravure qui accompagne l'ouvrage *dell'arte maeftra*, repréfente quatre Ballons qui fe foutiennent en l'air, & qui fupportent, au moyen de cordages, un bateau avec une voile, les perfonnes qui ont été à portée d'obferver cette planche fans lire le texte, n'ont pas manqué de conclure que MM. de Montgolfier n'ont fait que copier *Lana* ; mais l'on voit à préfent que leur découverte eft abfolument étrangère aux idées du jéfuite Italien.

Le père *Jofeph Galien*, dominicain, ancien profeffeur de philofophie & de théologie dans l'univerfité d'Avignon, publia en 1755, *à Avignon chez le libraire Fez*, une brochure petit *in-12*, intitulée *l'art de naviger dans les airs*, *amufement phyfique & géométrique*, *précédé d'un mémoire fur la nature & la formation de la grêle*.

Ce livre dont il y a eu une feconde édition chez le même libraire en 1757, & qui n'avoit été regardé jufqu'à préfent que comme un délire d'imagination, n'eft pas fans intérêt depuis la découverte de MM. de Montgolfier, & je penfe que les lecteurs en verront ici avec plaifir quelques paffages. " Nous voici donc » arrivés, dit le père Galien, au mo-

„ ment de la conſtruction de notre vaiſ-
„ ſeau pour naviger dans les airs & tranſ-
„ porter, ſi nous le voulons, une nom-
„ breuſe armée avec tous ſes attirails
„ de guerre & ſes proviſions de bouche,
„ juſqu'au milieu de l'Afrique, où dans
„ d'autres pays non moins inconnus.
„ Pour cela, il faut lui donner une vaſte
„ capacité ; qu'importe, il n'en coûtera
„ pas davantage, dès que nous ne le
„ fabriquerons qu'en idée.

„ Plus il ſera grand, plus ſa peſanteur
„ en ſera abſolument plus grande, mais
„ auſſi elle en ſera moindre reſpective-
„ ment à ſon énorme grandeur, comme
„ peuvent le comprendre ceux qui ont
„ quelque teinture de géométrie, & qui
„ ſavent que plus un corps eſt grand,
„ moins il a à proportion de ſuperficie,
„ quoiqu'il en ait abſolument davantage.

„ Nous conſtruirons ce vaiſſeau de
„ bonne & forte toile doublée, bien

„ cirée ou goudronnée, couverte de peau,
„ & fortifiée de diftance en diftance de
„ bonnes cordes , ou même de cables
„ dans les endroits qui en auront befoin,
„ foit en dedans, foit en dehors, en telle
„ forte qu'à évaluer la pefanteur de tout
„ le corps de ce vaiffeau, indépendam-
„ ment de fa charge, ce foit environ
„ deux quintaux par toife quarrée.

„ Quant à la forme qu'il faudra don-
„ ner à ce vaiffeau, on aura affez le loi-
„ fir d'y penfer, avant que de mettre la
„ main à l'œuvre ; contentons-nous pour
„ le préfent d'examiner fi un vaiffeau de
„ figure cubique, ayant, par exemple,
„ 1000 toifes de diamètre, dont le feul
„ corps, indépendamment de fa charge,
„ pèferoit 200 livres ou 2 quintaux par
„ toife quarrée, pourroit fe foutenir dans
„ l'air à la région de la grêle, fuppofé
„ que la pefanteur de l'air de cette région
„ foit à celle de l'eau, comme 1 eft à

» 1000, & que la pefanteur de l'air de
» la région immédiatement au - deffus,
» ne foit à celle de l'eau que comme 1
» eft à 2000.

„ Le vaiffeau feroit plus long & plus
» large que la ville d'Avignon, & fa
» hauteur reffembleroit à celle d'une
» montagne bien confidérable. Un feul
» de fes côtés contiendroit un million
» de toifes quarrées ; car 1000 eft la ra-
» cine quarrée d'un million. Il auroit fix
» côtés égaux, puifque nous lui don-
» nons une figure cubique. Nous fuppo-
» fons auffi qu'il fût couvert ; car, s'il ne
» l'étoit pas, il ne faudroit avoir égard
» qu'à cinq de fes côtés, pour mefurer
» combien pèferoit le corps de tout le
» vaiffeau indépendamment de fa cargai-
» fon, en lui donnant deux quintaux de
» pefanteur par toife quarrée. Ayant
» donc fix côtés égaux, & chaque côté
» étant d'un 1000000 de toifes quarrées,

„ dont chacune pefant deux quintaux, il
„ s'enfuit que le feul corps de ce vaiffeau
„ pèferoit 12000000 de quintaux, pe-
„ fanteur énorme, au-delà de dix fois plus
„ grande que n'étoit celle de l'arche de
„ Noé avec tous les animaux , & toutes
„ les provifions qu'elle renfermoit".

· Le père Galien interrompt. alors ces
détails pour calculer la pefanteur de cette
arche célèbre, & cette épifode l'éloigne,
pour quelque tems , de fon vaiffeau.
Mais enfin il y revient, & continue ainfi
fa narration.

„ Nous voilà donc embarqués dans
„ l'air avec un vaiffeau d'une horrible
„ pefanteur. Comment pourra-t-il s'y
„ foutenir & tranfporter avec cela une
„ nombreufe armée, tout fon attirail de
„ guerre & fes provifions de bouche,
„ jufqu'au pays le plus éloigné ? C'eft
„ ce que nous allons examiner.

„ La pefanteur de l'air de la région

„ fur laquelle nous établiſſons notre na-
„ vigation, étant ſuppoſée à celle de l'eau
„ comme 1 à 1000, & la toiſe cube
„ d'eau peſant 15120 livres, il s'enſuit
„ qu'une toiſe cube de cet air pèſera
„ environ 15 livres & 2 onces; & celui
„ de la région ſupérieure étant la moitié
„ plus léger, la toiſe cube ne pèſera
„ qu'environ 7 livres 9 onces. Ce ſera
„ cet air qui remplira la capacité du
„ vaiſſeau; c'eſt pourquoi nous l'appel-
„ lerons l'air intérieur, qui réellement
„ pèſera ſur le fond du vaiſſeau, à rai-
„ ſon de 7 livres 9 onces par toiſe cube;
„ mais l'air de la région inférieure lui
„ réſiſtera avec une force double, de
„ forte que celui-ci ne conſumera que
„ la moitié de ſa force pour le contre-
„ balancer, & il lui en reſtera encore la
„ moitié, pour contrebalancer & ſoute-
„ nir le vaiſſeau avec toute ſa cargaiſon.

„ Le vaiſſeau que nous avons lancé

„ en idée fur la région de la grêle, eft
„ de figure cubique; mille millions de
„ toifes cubes pefant chacune 7 livres
„ 9 onces, font 7562500000 livres,
„ ou 7562500 quintaux. Notre vaif-
„ feau fe foutiendra donc dans la région
„ où nous l'avons placé, pourvu qu'a-
„ vec fa cargaifon, il ne pèfe pas au-
„ delà de 7562500 quintaux. Mais
„ parce que, pour naviger fans danger
„ évident, il faut que le vaiffeau élève
„ fes bords jufqu'à une certaine hauteur
„ au-deffus de fon fluide, autrement, à
„ la moindre fecouffe, le fluide y en-
„ treroit, & le feroit couler à fond ;
„ allégeons notre vaiffeau de 5625000
„ quintaux, & ne lui laiffons pour tout
„ fon poids avec fa cargaifon, que
„ 70090000 de quintaux. Par le moyen
„ de cet allégement, qui feroit un peu
„ plus que la douzième partie de tout le
„ poids, ce vaiffeau s'éleveroit au-delà

„ de 83 toifes au - deffus du niveau de
„ la région de la grêle fur laquelle il
„ navigeroit.

„ Qui de 70000000 quintaux, ôte
„ 12000000 quintaux que pèferoit le
„ feul corps du vaiffeau, refte encore
„ pour fa cargaifon 58000000 quintaux;
„ ce qui iroit 54 fois au-delà de ce que
„ pouvoit pefer l'arche de Noé avec
„ tout ce qu'elle contenoit d'animaux
„ & de provifions pour un an que dura
„ le déluge. . . . . Quand bien
„ même il entreroit dans notre vaiffeau
„ quatre millions de perfonnes, pefant
„ chacune trois quintaux, ce qui eft
„ un poids au deffus de ce que pèfe le
„ commun des hommes, & que nous
„ permettrions à chacune de ces perfon-
„ nes d'avoir avec lui 9 quintaux en
„ provifion ou en marchandifes, tout
„ cela ne feroit qu'une charge de qua-
„ rante - huit millions de quintaux. Il

„ s'en manqueroit donc encore dix mil-
„ lions de quintaux , pour son entière
„ cargaison.

„ Je comprends donc qu'il ne seroit
„ pas nécessaire de construire, pour no-
„ tre navigation aérienne, des vaisseaux
„ d'une si prodigieuse grandeur.

„ Quant à la forme qu'il faudroit
„ donner à ces vaisseaux , elle seroit sans
„ doute bien différente de celle dont
„ nous venons de parler. Il y auroit
„ beaucoup de choses à ajouter ou à ré-
„ former, pour les rendre commodes,
„ & bien des précautions à prendre pour
„ obvier aux inconvéniens; mais ce sont
„ des choses que nous laissons aux sages
„ réflexions de nos habiles machinistes.

„ Cette navigation, au reste, ne se-
„ roit pas si dangereuse que l'on pour-
„ roit se l'imaginer : peut-être le seroit-
„ elle moins que celle de mer. Dans
„ celle-ci, tout est perdu lorsque le

» vaiſſeau vient à couler à fond ; au-
» lieu que le cas arrivant dans celle-là,
» on ſe trouveroit doucement mis à
» terre, au grand contentement de ceux
» qui ſeroient ennuyés de voguer entre
» le ciel & la terre, & qui aimeroient
» mieux venir nous raconter ce qu'ils
» auroient vu ſe paſſer dans ce haut pays
» des nues, que de continuer leur route.

» Le vaiſſeau, en deſcendant ici bas,
» iroit avec une lenteur à ne rien faire
» craindre de funeſte pour les gens de
» dedans, la vaſte étendue de la colonne
» d'air de deſſous s'oppoſant à la vîteſſe
» de ſa chûte. D'ailleurs ce vaiſſeau,
» après même s'être ſubmergé & rempli
» d'air groſſier, ne pèſeroit jamais un
» tiers de plus qu'un pareil volume de
» cet air. Il viendroit donc à terre beau-
» coup plus lentement que ne peut faire
» la plume la plus légère, puiſque cette
» plume, malgré ſa légèreté, pèſe grand
» nombre

„ nombre de fois plus que l'air en pareil
„ volume, & par conséquent beaucoup
„ plus à proportion des masses, que ne
„ feroit notre vaisseau submergé ".

Je me suis laissé insensiblement entraî-
ner à transcrire ici tout ce que le père
Galien a dit de plus remarquable sur la
construction & l'usage de son vaisseau ;
j'avoue de bonne foi que cette espèce de
rêve philosophique qui avoit passé jusqu'à ce jour pour le délire le plus com-
plet, a dans ce moment je ne sais quoi
de curieux & d'intéressant qui attache.

L'idée de ce vaisseau, d'une capacité
immense, fait avec une enveloppe de
toile ou de cuir, & plein d'un air une
fois plus léger que l'air atmosphérique,
présente une espèce de rapport qui se
rapproche jusqu'à un certain point de
l'expérience de la Machine aérostatique ;
& l'intérêt qu'on a pris à la découverte de
MM. de Montgolfier, influe avantageu-

fement fur la théorie hardie, mais ingénieufe du docteur dominicain.

Il eft inconteftable, en fuppofant que
MM. de Montgolfier aient eu connoiffance de ce livre, qu'ils n'ont pu y pui-
fer aucun des moyens analogues à ceux
qu'ils ont employés ; le père Galien
ayant befoin d'un air plus léger que l'air
atmofphérique, ne pouvoit le trouver
que dans la région de la grêle, & il y
tranfportoit fon vaiffeau fur les ailes de
l'imagination, pour y prendre des provifions de cet air. MM. de Montgolfier
au contraire, cherchant un air auffi léger, favent le créer, & le produifent à
volonté. L'un, femblable à Cyrano, de
Bergerac, voyage dans l'empire des chi-
mères (1) les deux autres, éclairés par

(1) Une preuve que le pere Galien, en donnant
fon Traité fur *l'art de naviguer dans les airs*,
n'avoit jamais prétendu faire un ouvrage férieux,
c'eft qu'il s'exprime dans un avertiffement qui eft à

le flambeau du génie , calculant des forces nouvelles , & les dirigeant avec méthode , débutent par une expérience faite pour étonner l'efprit humain.

M. de la Folie , de Rouen , auteur d'un roman philofophique publié en 1.775 , *in*-8°. fous le titre du *Philofophe fans prétention*, ou *l'homme rare* , fit placer à la tête de fon livre une gravure qui repréfente un homme dans une efpèce de cage garnie de nuages , couronnée par deux Globes , & fufpendue en l'air. Plufieurs perfonnes qui fe font contentées de voir l'eftampe fans lire l'ouvrage ,

la tête de fon livre , de la maniere fuivante : " Quant ,, à la conféquence ultérieure de pouvoir naviguer ,, dans l'air , à la hauteur de la région de la grêle , ,, je ne penfe pas que cela expofe jamais perfonne ,, aux frais & aux dangers d'une telle navigation ; ,, il n'eft queftion ici que d'une fimple théorie fur ,, fa poffibilité , & je ne la propofe , cette théorie , ,, que par maniere de *récréation phyfique & géométrique* ,,.

n'ont pas manqué de publier que ce nouveau char volant avoit donné à MM. de Montgolfier l'idée de la Machine aéroſtatique ; mais en rapprochant les paſſages du livre de l'académicien de Rouen, nous verrons bientôt que ſa manière de conſtruire des globes, & de ſe diriger dans l'air, n'a abſolument aucun rapport avec les procédés ſavans de MM. de Montgolfier.

L'auteur du Roman, après avoir mis pluſieurs interlocuteurs en ſcène, en fait parler un qu'il nomme *Scintilla*, par alluſion à l'électricité, de la manière ſuivante :

" J'ai cru ne pas devoir différer un „ ſeul moment à vous faire part d'une „ découverte intéreſſante. Depuis long- „ tems les hommes ont cherché par „ quelles loix méchaniques ils pourroient „ franchir les eſpaces aëriens. Je ſuis flatté „ de pouvoir vous offrir aujourd'hui la

„ réuffite de mes recherches. La voîci,
„ dit-il : Deux efclaves ont porté mon
„ appareil fur la plate - forme de notre
„ tour : rendons-nous y. ” Douze fages
témoins de ce difcours fe rendent au lieu
indiqué , & l'un d'eux après avoir fa-
vamment differté fur la force & fur l'é-
cart des leviers, paffe à la defcription de
la Machine dans les termes fuivans. “ Je
„ vis deux Globes de verre de trois pieds
„ de diamètre , montés au deffus d'un
„ petit fiége affez commode. Quatre
„ montans de bois, couverts de lames de
„ verre, foutenoient ces deux Globes.
„ Dans l'intervalle de ces montans pa-
„ roiffoient quelques refforts que je ju-
„ geai devoir donner le mouvement
„ aux deux Globes. La pièce inférieure
„ qui fervoit de foutien & de bafe au
„ fiége, étoit un plateau enduit de cam-
„ phre & couvert de feuilles d'or. Le
„ tout étoit entouré de fil de métal.

„ Auffi-tôt que j'eus apperçu cette Ma-
„ chine électrique d'une nouvelle forme,
„ je devins incrédule fur la réuffite de
„ Scintilla.

„ Scintilla, dont le corps étoit auffi
„ alerte que l'imagination, monte lef-
„ tement fur fa méchanique, & pouf-
„ fant promptement une détente, nous
„ vîmes les deux Globes tourner avec
„ une rapidité prodigieufe. Meffieurs,
„ dit-il, vous voyez que pour m'élever
„ en l'air, mon principal moyen eft
„ d'annuller au-deffus de ma tête la
„ preffion de l'atmofphere. Obfervez que
„ la percuffion de la lumière agit ac-
„ tuellement au-deffous de ma mécha-
„ nique. C'eft elle qui va m'enlever fans
„ beaucoup d'efforts, & maître du mou-
„ vement de mes Globes, je defcendrai
„ ou monterai en telle proportion qu'il
„ me plaira. Vous voyez encore.....

„ Mais nous ne l'entendions plus ; fa
„ Machine entourée tout-à-coup d'un
„ cercle lumineux , s'étoit enlevée avec
„ la plus grande vîteſſe. Jamais ſpectacle,
„ ſi nouveau & ſi beau ne s'offrit à nos
„ yeux. Nous le vîmes pendant quel-
„ que tems reſter immobile , puis redeſ-
„ cendre, puis s'élever de nouveau. Enfin,
„ nous le perdîmes de vue. " Chap. III ,
page 28 & ſuiv.

L'on voit clairement , par ce que je
viens de rapporter , qu'il n'eſt queſtion
dans la Machine imaginaire & romaneſ-
que de M. de la Folie , ni d'invention
ni de procédé qui ait pu éclairer les auteurs de la Machine aéroſtatique.

Enfin , l'on a dit que M. Cavallo à
Londres , après avoir fait des bulles de
ſavon avec de l'air inflammable , avoit
conclu de leur extrême légéreté & de
leur tendance à s'enlever , qu'on pour-

roit, en donnant à l'air inflammable une
enveloppe folide & impermèable , faire
foutenir des corps confidérables en l'air ;
mais nous allons voir encore par le témoignage d'un des amis de M. Cavallo
lui-même, jufqu'à quel point ce phyficien a pouffé fes effais fur l'air inflammable. C'eft de M. Brouffonet, très-
habile naturalifte , & qui a vu opérer
M. Cavallo, que je tiens les détails que
je vais rapporter ici.

" En 1781 , M. *Cavallo* avoit déja fait
„ élever des bulles d'eau de favon pleines
„ d'air inflammable; cette expérience lui
„ avoit fait voir la poffibilité de faire
„ élever des corps confidérables dans
„ l'air. Il fit un fac oblong de trois à
„ quatre pieds de largeur en papier très-
„ fin; mais il fut fort étonné de voir,
„ quand il voulut le remplir, que le gaz
„ inflammable paffoit au travers du pa-
„ pier. Il effaya après cela de remplir

„ du même gaz des veſſies de cochon,
„ qu'il ne put jamais parvenir à rendre
„ aſſez légères. Les veſſies de poiſſon
„ qu'il employa encore, furent dans le
„ même cas. Il étoit pour lors perſuadé
„ qu'il pourroit réuſſir, en faiſant une
„ bourſe avec l'eſpèce de peau dont ſe
„ ſervent les batteurs d'or, collées les
„ unes avec les autres; mais je ne penſe
„ pas qu'il ait jamais mis ce projet en
„ exécution; ainſi quoique perſuadé de
„ la poſſibilité de faire enlever dans l'air
„ des corps au moyen de l'air inflam-
„ mable, il ne réuſſit qu'avec les bulles
„ d'eau de ſavon (1). Quand bien

(1) L'idée d'employer la peau dont ſe ſervent les
batteurs d'or, s'étoit préſentée à M. Cavallo à Londres; mais l'on vient de voir qu'elle reſta ſans exécution. M. Deſchamps, peintre, qui ne connoiſ-
ſoit certainement pas ce qu'avoit pu faire M. Cavallo,
imagina, après la découverte de M. de Montgolfier,
de faire des Globes en papier, qui ne retinrent pas
mieux l'air inflammable que ceux faits à Londres; il

„ même *MM. de Montgolfier* auroient eu
„ connoiſſance de ces expériences , ce

ſe ſervit enſuite de peau de *baudruche* , & ſes Ballons s'enlevèrent. Quelques jours avant que M.
Deſchamps fit connoitre la matière qu'il employoit,
M. le marquis d'Arlandes , qui cultive avec ſuccès
pluſieurs parties de la phyſique , s'étoit déja muni
de la même peau des batteurs d'or, pour faire de
ſemblables Ballons , & il en fit exécuter pluſieurs
pour ſon amuſement , qui ne parurent à la vérité ,
qu'après ceux de M. Deſchamps.

M. Têtu, jeune phyſicien, en conſtruiſit auſſi
de très - élégans ; M. Bayer & d'autres perſonnes
ſuivirent cet exemple.

Deux ſiecles auparavant, Jules - Céſar Scaliger,
differtant contre Cardan, au ſujet de la colombe
volante d'*Architas*, & donnant la manière dont il
croyoit qu'on pouvoit exécuter une colombe pareille,
propoſe, comme un point eſſentiel, de faire uſage
de la peau des batteurs d'or. Ce qu'il a écrit à ce
ſujet, mérite de trouver place ici.

" Volanti columbæ maniculùm , cujus auctorem
„ Architam tradunt, vel facillimè profiteri audeo.
„ Naviculum ſpontè mobilem ac ſui remigii aucto,
„ rem faciam nullo negotio. Eadem ratio cum vo-
„ lante avicula. Materia ex junci medula parabilis,
„ *veſiculis amicta aut pelliculis cuibus auri brac-*
„ *teores, atque foliatores* (ſic enim libet nunc)

„ qui ne paroît pas trop probable, on
„ ne fauroit en aucune manière leur dif-
„ puter le titre d'inventeurs, puifque l'air
„ qu'ils ont employé n'eft pas le même,
„ & que la Machine qu'ils ont faite eft
„ d'une nature entièrement différente de
„ tout ce que M. Cavallo avoit effayé à
„ ce fujet. "

En voilà affez, je penfe, fur cet objet;
il me refte à dire un mot fur l'Ouvrage
que je publie. Le peu de tems que j'ai
eu pour mettre en ordre mes obfervations, m'oblige de réclamer la plus grande
indulgence de la part des lecteurs.

J'ai cru que la meilleure manière de
faire connoître les expériences aéroftatiques, faites jufqu'à ce moment, étoit
de les décrire dans l'ordre & aux épo-

„ *utuntur*, nervulis obvoluta: ubi femi-circulus
„ rotam impulerit, motum præftabit aliarum quibus
„ alæ agitabuntur", &c. *Scaliger de fubtilitate
ad Cardanum exercit*, 326.

ques où elles ont eu lieu , en commençant par celle d'Annonay du 5 juin 1783 , qui fixe la date de cette belle découverte.

J'ai décrit les appareils dont on a fait uſage pour ces diverſes expériences , & je me ſuis attaché à faire connoître ceux qui m'ont paru les plus avantageux pour développer les gaz ; ce qui m'a néceſſairement mis dans le cas de parler de l'air inflammable , & de l'eſpèce de vapeur dont MM. de Montgolfier rempliſſent leur Machine.

Comme pluſieurs perſonnes ont paru déſirer connoître la manière la plus ſimple & la plus commode pour conſtruire des Globes de toute grandeur en taffetas ou en toile , & leur donner une forme ſphérique exacte , je ſuis entré dans quelques détails à ce ſujet.

Le gaz inflammable , & l'eſpèce de vapeur qui fait élever les Machines aéroſtatiques de MM. de Montgolfier, étant les seules émanations connues jusqu'à ce jour, comme les plus propres à remplir cet objet, & comme celles à qui l'on doit donner la préférence , j'ai fait quelques recherches sur cette matière.

Le peu de tems que j'ai eu & qui a presque été sans cesse interrompu par celui qu'il a fallu donner aux diverses expériences qui ont été faites , & que j'ai été bien aise de suivre avec attention, ne m'ayant permis que d'ébaucher pour ainsi dire cet Ouvrage, j'ose espérer que les personnes qui le liront, voudront bien avoir égard aux circonstances où je me suis trouvé , & à l'empressement que j'ai eu de me rendre au désir qu'a témoigné le Public de jouir promptement des détails de tout ce qui a été fait jusqu'à présent relativement à ces expériences.

J'ai cru devoir faire imprimer une

lettre qui m'a été adreſſée par un anony.
me. Les perſonnes que cette découverte
intéreſſe , y trouveront quelques vues
ſyſtématiques ſur le parti qu'on peut tirer
des Machines aéroſtatiques , & ſur l'art
de les diriger.

Enfin , j'ai accompagné ce livre de
pluſieurs planches , deſſinées d'après na‐
ture avec une exactitude extrême , &
qui donneront une idée préciſe des ex‐
périences qui ont été faites , & des Ma‐
chines qu'on a employées.

Deux académiciens de la ſociété
royale de Londres , & des ſavans de
Pétersbourg & de Florence , ayant
bien voulu m'annoncer, que je ſe‐
rois très‐exactement inſtruit de tout ce
qui ſera fait à cette occaſion dans ces
dernières villes , je me ferai un devoir de
publier en même‐tems tout ce qui m'aura
été communiqué, au ſujet de ces diver‐
ſes expériences.

TABLE
DES ARTICLES.

Lettre

c

Fin de la Table des Articles.

AVIS AU LECTEUR

pour l'Ordre des Planches.

La Planche I a rapport à l'expérience faite au Champ-de-Mars, & son explication est à la page 7.

La Planche II a rapport à l'expérience faite en présence de MM. les Commissaires de l'académie royale des sciences, & son explication est à la page 33.

La Planche III a rapport à l'expérience faite à Versailles, & son explication est à la page 41. Cette Planche étant plus ornée que les autres, est placée à la tête de l'ouvrage.

La Planche IV a rapport à l'expérience où des hommes se sont élevés à la hauteur de 324 pieds, & son explication est à la page 173.

La Planche V est au bas de la planche II, & a rapport à la méthode graphique pour couper les fuseaux d'un Globe, pag. 296.

ERRATA.

Page 11 , *ligne* 22 , la Planche III , *lifez*, la Planche I.

Page 15 , *ligne* 8 , l'on employa 1000 liv. pefant de limaille de fer en poudre ou en copeaux, & 498 liv. d'acide vitriolique , *ajoutez* - felon le compte produit par MM. les frères Robert, & acquitté par eux. Il s'en falloit beaucoup que cette quantité fût néceffaire ; mais il y a eu de grands dégâts.

EXPÉRIENCE

FAITE

A ANNONAY EN VIVARAIS ;

Le 5 Juin 1783 ;

PAR MM. DE MONTGOLFIER.

MEssieurs Etienne & Joseph de Montgolfier , propriétaires d'une des belles manu-
factures de papier à Annonay en Vivarais ,
nés avec le goût des connoissances utiles , &
doués d'un génie observateur , employoient
leur loisir à l'étude de la physique ; après avoir
médité long-tems sur l'ascension des vapeurs
dans l'atmosphère , où elles se réunissent pour
former des nuages qui , malgré leurs masses
& leur pesanteur , se soutiennent non-seule-

A

ment à de grandes hauteurs , mais encore
flottent & voyagent au gré des vents , ils en-
trevirent la poffibilité d'imiter la Nature dans
une de fes plus grandes & de fes plus majef-
tueufes opérations.

Ils conçurent dès-lors l'idée hardie de former , à l'aide d'une vafte enveloppe & d'une
vapeur légère , une efpèce de nuage factice
que la feule pefanteur de l'air atmofphérique
forceroit de s'élever jufqu'à la région où les
orages & les tempêtes prennent naiffance. L'i-
dée feule de ce projet fuppofe néceffairement
du génie , fon exécution du courage , & une
tête organifée de manière à trouver des reffources pour parer à la multitude d'obftacles
qui devoient environner une entreprife de
cette efpèce.

Il y a loin fans doute d'une expérience de
cabinet, quelque délicate & quelque ingénieufe qu'elle puiffe être , à celle où il faut
que l'homme combine des moyens pour imiter la Nature dans une opération qui n'avoit
encore été tentée par perfonne; car tout ce
qui avoit été fait jufqu'alors pour s'élever dans
l'air, n'étant fondé que fur de faux calculs , ou

fur des pratiques chimériques, n'avoit abouti
qu'à jeter un ridicule mérité fur ceux qui s'obf-
tinoient à prendre la route la plus oppofée au
véritable but.

Meffieurs de Montgolfier, dirigés par de
meilleurs principes, après avoir profondément
réfléchi fur le projet quil les occupoit, après
s'être familiarifés avec cette grande idée,
après avoir enfin réuni les moyens de fon exécution, ofèrent faire leur premier effai dans
une ville où toutes les reffources de l'art fembloient leur manquer.

Le jeudi 5 Juin 1783, l'Affemblée des
Etats particuliers de Vivarais fe trouvant à
Annonay, fut invitée par les Auteurs de
la Machine aéroftatique à affifter à l'expérience qu'ils fe propofoient de faire en
public.

Quelle fut la furprife des Députés, quelle
fut celle des fpectateurs, lorfqu'on vit fur la
place publique une efpèce de ballon de cent
dix pieds de circonférence, retenu par fon
pole inférieur fur un chaffis en bois de feize
pieds de furface ! Cette vafte enveloppe
& fon chaffis pefoient cinq cens livres ;

elle pouvoit contenir vingt – deux mille pieds cubes de vapeur. (1)

Quel fut l'étonnement général , lorsque les Inventeurs d'une telle machine annon-cèrent qu'aussitôt qu'elle seroit pleine d'un gaz qu'ils avoient le moyen de produire à volonté par le procédé le plus simple , elle s'enléveroit d'elle-même jusqu'aux nues ! Il faut convenir alors que , malgré la confian-ce qu'on avoit aux lumières & à la sagesse

(1) Voici la note qui m'a été communiquée par M. de Montgolfier le jeune.

La Machine aéroftatique, dont l'expérience fut faite devant Messieurs des Etats particuliers de Vi-varais , le jeudi 5 Juin 1783 , étoit conftruite en toile doublée de papier , cousue fur un réseau de ficelle fixé aux toiles. Elle étoit à-peu-près de forme sphérique , & sa circonférence étoit de cent dix pieds ; un châssis en bois de feize pieds en quarré , la tenoit fixée par le bas. Sa capacité étoit d'environ 22000 pieds cubes ; elle déplaçoit donc , en supposant la pefanteur moyenne de l'air , comme $\frac{1}{800}$ de la pefanteur de l'eau , une masse d'air de 1980 livres.

La pefanteur du gaz étoit à-peu-près moitié de celle de l'air , car il pesoit 990 livres ; & la Machine pesoit avec le châssis 500 livres. Il restoit donc

de Meſſieurs de Montgolfier, cette expérience paroiſſoit ſi incroyable à ceux qui
alloient en être les témoins, que les perſonnes les plus inſtruites, celles même qui
étoient le plus favorablement prévenues,
doutoient preſque ſans balancer, de ſon
ſuccès.

Enfin, Meſſieurs de Montgolfier mettent la

490 livres de rupture d'équilibre, ce qui s'eſt
trouvé conforme à l'expérience. Les différentes pièces de la Machine étoient aſſemblées par de ſimples
boutonnieres arrêtées par des boutons ; deux hommes ſuffirent pour la monter & pour la remplir de
gaz, mais il en fallut huit pour la retenir, & qui
ne l'abandonnerent qu'au ſignal donné : elle s'éleva
par un mouvement accéléré, mais moins rapide ſur
la fin de ſon aſcenſion, juſqu'à la hauteur d'environ 1000 toiſes. Un vent à peine ſenſible vers la
ſurface de la terre, la porta à 1200 toiſes de diſtance
du point de ſon départ. Elle reſta dix minutes en
l'air ; la déperdition du gaz par les boutonnières,
par les trous d'aiguilles & autres imperfections de
la Machine, ne lui permit pas d'y reſter davantage.
Le vent, au moment de l'expérience, étoit au
midi, & il pleuvoit ; la Machine deſcendit ſi légérement qu'elle ne briſa ni les ceps, ni les échalas de
la vigne, ſur leſquels elle ſe repoſa.

A iij

main à l'œuvre , ils procédent au développement dès vapeurs qui devoient produire le
phénomène ; la Machine qui ne préfentoit
alors qu'une enveloppe de toile doublée en
papier, qu'une efpèce de fac gigantefque de
trente-cinq pieds de hauteur , déprimé , plein
de plis & vide d'air, fe gonfle, groffit à vue
d'œil , prend de la confiftance, adopte une
belle forme , fe tend dans tous les points,
fait effort pour s'enlever : des bras vigoureux
la retiennent, le fignal eft donné , elle part &
s'élance avec rapidité dans l'air , où le mouvement accéléré la porte en moins de dix minutes à mille toifes d'élévation.

Elle décrit alors une ligne horizontale de
fept mille deux cens pieds , & comme elle
perdoit confidérablement de fon gaz, elle
defcendit lentement à cette diftance, & elle
fe feroit fans doute foutenue bien plus long-
tems en l'air , fi l'on avoit eu la facilité de
porter dans fon exécution la folidité & l'éxac-
titude qu'elle exigeoit ; mais le but étoit
rempli, & cette première tentative, couronnée
d'un auffi heureux fuccès , mérite à jamais à
Meffieurs de Montgolfier la gloire d'une des
plus étonnantes découvertes.

Pl. I.

Pour peu qu'on veuille réfléchir fur les difficultés fans nombre que préfentoit une expérience auffi hardie, fur la critique amière à laquelle elle expofoit fes Auteurs, fi elle eût manqué par quelque accident, fur les dépenfes qu'elle a entraînées, l'on ne peut s'empêcher d'avoir la plus grande admiration pour les Auteurs de la Machine aéroftatique.

EXPÉRIENCE

FAITE à Paris au Champ de Mars, le 27 Août 1783, à cinq heures du foir, avec un Ballon de taffetas enduit de gomme élaftique, plein d'air inflammable, tiré du fer.

LE s détails de la belle expérience de Meffieurs de Montgolfier ne furent pas plutôt connus à Paris, que les Amateurs de la phyfique s'occupèrent, fans perdre un moment, du projet de la répéter. Le procès-verbal dreffé par les Etats particuliers de Vivarais, ainfi que les lettres venues d'Annonay, ne faifoient pas mention de l'efpèce de gaz qui avoit été employé ; on favoit fimplement que la vapeur dont ces Meffieurs s'étoient fervis , étoit une fois plus légère que l'air atmofphérique ; les Phyficiens n'eurent donc pas de peine à comprendre qu'il s'agiffoit d'un gaz différent de l'air inflammable qui eft dix fois plus léger que l'air ordinaire ; & l'on conçut très-bien que ce n'étoit pas par ignorance que les Auteurs de la Machine n'avoient pas fait ufage de l'air tiré du fer ; car l'on fait qu'ils font verfés dans la chimie & dans la phyfique ; mais ils avoient été arrêtés par les difficultés de fe procurer quarante mille pieds cubes d'air inflammable dans une ville deftituée de toute reffource à cet égard : leur procédé étoit d'ailleurs beaucoup plus fimple & bien moins difpendieux : mais il étoit encore inconnu. Il fallut donc avoir recours à d'autres moyens.

La légèreté de l'air inflammable étoit faite pour féduire ; mais comment ofer tenter une expérience en grand dans ce genre ? dans quoi retenir une vapeur auffi fubtile ? L'on ne fut pas long-tems à fe décider ; le taffetas enduit de gomme élaftique de M. Bernard, étoit connu, il en exiftoit des magafins à Paris. D'autres Artiftes qui avoient cherché à l'imiter, vendoient des taffetas vernis au fuccin, à la gomme copale, à l'encouftique, &c. Enfin les moyens ne manquoient pas de ce côté-là. L'on fe décida pour le taffetas enduit de gomme élaftique ; & l'on borna le diamètre de la Machine à douze pieds environ, tant à caufe du prix de l'enveloppe, que de la cherté de l'air inflammable, & des difficultés qu'il y avoit à s'en procurer promptement une grande quantité.

La chofe ainfi arrêtée, l'on ouvre une foufcription : le projet de cette expérience ayant couru de bouche en bouche, chacun en eft frappé, & tous s'empreffent de venir fe faire infcrire. Bientôt les noms les plus illuftres décorent le tableau de cette *premiere foufcription nationale* ; elle mérite ce nom, rien n'avoit été écrit, rien n'avoit été annoncé dans aucun papier public, & tout le monde accouroit en foule pour contribuer à cette curieufe expérience.

Enfin le 23 Août, la Machine étant fabri-

quée, fa forme offrit celle d'un globe de
douze pieds deux pouces de diamètre; l'exécution en parut belle & régulière; l'on s'occupa du foin de fixer la fphere dans une efpece
de harnois deftiné à la fufpendre; là, elle fut
déprimée, & l'air atmofphérique étant en-
tierement forti, le robinet par où on le forçoit
de s'échapper fut promptement fermé : la
Machine, en cet état, ne reffembloit plus
qu'à une efpece de fac plein de plis & vide
d'air.

A huit heures du matin, l'on mit la main
à l'œuvre pour la remplir; l'on y procéda d'a-
bord au moyen d'une grande boîte à tiroirs
doublés de plomb, furmontée d'un chapiteau
ou conduit fupérieur qui s'adaptoit au robinet
adhérent au Ballon; les tiroirs furent garnis
de limaille de fer & d'acide vitriolique, afloi-
bli d'eau : en multipliant ainfi les furfaces, le
but étoit de fe procurer une quantité confidérable d'air inflammable ; mais cette efpece
d'armoire que je décrirai plus au long, fujette à mille inconvéniens, & beaucoup trop
compliquée, fit perdre du tems & de l'air inflammable. Enfin, las de manœuvrer pref-

qu'infructueusement ce mauvais appareil , il
fallut y renoncer ; il fut réformé à deux heures , & on y substitua un simple tonneau placé
verticalement , dans lequel on jetoit , à l'aide
d'une ouverture pratiquée sur son disque supérieur , une grande quantité de limaille de
fer & d'acide vitriolique ; ce trou étoit rebou-
ché subitement , & l'air inflammable se dé-
gageant alors par grandes bouffées , passoit
par une seconde ouverture placée à côté de la
premiere , & qui communiquoit d'abord à
l'aide d'un tube de fer-blanc , & ensuite d'un
tuyau de cuir verni à la gomme élastique ,
avec le robinet adhérent à l'orifice du Ballon.

Le gaz s'introduisant dans le tube , montoit avec rapidité dans le Globe , & lorsque
l'effervescence cessoit , le robinet étoit fermé ;
de nouvelle limaille & de l'acide vitriolique
étoient jetés par le trou qu'on débouchoit ; le
gaz se dégageoit , le robinet s'ouvroit , & l'air
inflammable s'engouffroit dans le Ballon.
Voyez la Planche III , où cette manœuvre a
été dessinée d'après nature par M. Lawrens ,
habile Peintre Suédois.

Quoique cette opération allât très-vite ,

parce qu'elle étoit fecondée par des Amateurs
pleins de zèle & d'intelligence, elle étoit
néanmoins encore fujette à quelques inconvéniens qui ne laifsèrent pas de donner des inquiétudes : car l'acide vitriolique attaquant la
limaille de fer, produifoit un degré de chaleur fi violent, qu'une partie de l'eau mêlée à
cet acide étoit promptement réduite en vapeurs
rendues cauftiques par l'action du gaz acide
fulfureux qui fe dégageoit en même-tems.

Les vapeurs élevées avec le gaz inflammable jufqu'au faîte intérieur de la Machine, s'y
condenfoient fubitement, & couloient enfuite
le long du taffetas qu'elles auroient certainement corrodé fans la couche de gomme élaftique.

Comme cette eau imprégnée d'acide fe réu-
niffoit dans le bas de la Machine où elle formoit des efpèces de bourrelets, l'on étoit
obligé d'intervalle en intervalle de la faire
écouler par le robinet, en fecouant le
taffetas.

D'un autre côté, la chaleur qui partoit du
tonneau étoit fi confidérable qu'elle fe communiquoit au tube de cuir & de là à la Machine ;
le robinet en étoit fi échauffé qu'il étoit impof-

fible d'y tenir la main. L'on étoit donc obligé
non – feulement de l'envelopper de linges
mouillés , mais l'on étoit contraint , pour la
confervation du Ballon , d'en arrofer fans
ceffe le taffetas avec de petites pompes qu'on
dirigeoit contre fa partie inférieure , pour affoiblir la chaleur qui étoit fi forte , que fans
cette précaution , la Machine couroit le plus
grand danger.

Ce premier effai fut très-pénible ; mais le
réfultat en parut fatisfaifant , puifqu'à neuf heures du foir , le Ballon fut plein d'air au tiers.
Quelques heures après, tout fut détruit par trop
de précaution ; le robinet fut fermé avec foin ;
mais un des Artiftes ayant quelques inquiétudes à ce fujet , alla malheureufement l'ouvrir
en comptant de le fermer.

Le lendemain 24 l'on arriva avec empreffement dès la pointe du jour , pour fe remettre
à l'œuvre , & l'on ne fut pas peu furpris de
trouver le Ballon très-gonflé & prefque plein,
tandis que la veille il étoit à peine rempli au
tiers.

L'on ne put rien concevoir d'abord à cette
augmentation , & l'étonnement ne ceffa que
lorfqu'on fe fut apperçu que le robinet , qui

avoit trois pouces de largeur, étoit ouvert;
Il parut cependant affez extraordinaire que
le Ballon eût afpiré une fi grande quantité
d'air atmofphérique. L'effai en fut fait fur-
le-champ avec le piftolet de Volta, & il y
eut explofion. La dofe d'air commun étoit donc
en proportion avec l'air inflammable comme
deux à un.

Cet accident ne laiffa pas que de décourager
un peu, car l'on avoit eu de grandes peines
la veille; mais enfin l'expérience étoit annon-
cée, & il falloit faire voir du moins aux Soufcripteurs, que rien n'avoit été négligé. Ce
qu'il y avoit de plus gênant encore, c'eft qu'il
n'étoit pas poffible d'employer des gens de
peine à manœuvrer la Machine; car elle ne
pouvoit être confiée qu'à des perfonnes intelligentes & adroites. Enfin, plufieurs Amateurs, portés de bonne volonté, vinrent fe
joindre aux autres. Le zèle & l'émulation
s'en mêlèrent, & l'efpérance ranima tout.

Il eft à propos d'obferver, avant de continuer l'hiftorique de ces détails, que quoiqu'un
Ballon de 12 pieds 2 pouces de diamètre ne
foit pas d'une capacité bien confidérable en

apparence , il ne laiſſoit pas que d'être d'un
volume remarquable , lorſqu'il s'agiſſoit de le
remplir d'air inflammable ; & l'on en ſera
convaincu, lorſqu'on ſaura que , pour faire
la quantité de gaz néceſſaire, en y compre-
nant , à la vérité , ce qui s'étoit perdu la
veille , & ce qu'il en falloit pour remplir de
nouveau & entretenir le Ballon , l'on employa
1000 livres peſant de limaille de fer en poudre ou en copeaux , & 498 livres d'acide vitriolique à 46 degrés de concentration. Les
perſonnes exercées dans l'art des expériences ,
comprendront très-bien que celle-ci ne devoit
pas être ſans difficultés , ni ſans danger , puiſqu'il s'agiſſoit de manier une auſſi grande quantité d'acide concentré, & de développer autant
d'air inflammable , ſi fétide & ſi fatigant à
reſpirer.

Toute la journée du 24 fut employée à produire de l'air inflammable , à rafraîchir le Ballon , & à le préſerver d'accident ; mais les
coopérateurs furent bien dédommagés de leurs
peines , lorſqu'ils apperçurent qu'il tendoit à
s'élever avec effort, à ſix heures du ſoir, quoiqu'il ne fût rempli qu'à demi. Le courage re-

doubla, l'enthoufiafme s'en mêla ; l'on vit
dès-lors le fuccès de l'expérience ; à fept heures, le Globe faifoit effort contre les liens qui
le retenoient. L'on prit les précautions les plus
fûres, pour qu'il n'arrivât aucun accident pendant la nuit ; le robinet fut foigneufement
fermé, la clef fut emportée, & chacun fe retira content.

L'on juge que le lendemain 25, ce fut
à qui arriveroit le premier pour rendre vifite
à la Machine. Elle fut reconnue être dans
le meilleur état ; l'on y introduifit du gaz
pour réparer les pertes inévitables qui s'é-
toient faites pendant la nuit, foit par des
pores imperceptibles, foit par des trous
d'aiguilles que la gomme élaftique n'avoit pas
entièrement bouchés. On la pefa à fix heures
du matin, après l'avoir débarraffée de fes
attaches ; & quoiqu'elle ne fût pleine environ
qu'à demi, elle enlevoit vingt-une livres :
comme le jour fixé pour l'expérience publique
étoit indiqué au 27, on ne voulut pas la remplir davantage, crainte de la fatiguer. Pefée
de nouveau à neuf heures du foir, elle
n'enlevoit plus que dix-huit livres ; elle avoit
donc

donc perdu dans quinze heures trois livres
de poids ; c'est-à-dire, que l'équilibre en
moins étoit rompu de trois livres.

Le 26 , le Globe fut vifité à la pointe du
jour , & fut trouvé en très-bon état ; il avoit
perdu de l'air inflammable à-peu-près dans
les mêmes proportions que la veille. On fe
remit au travail pour augmenter le gaz ;
& dès huit heures du matin , on fortit le
Ballon de fon harnois , on l'attacha à de
petites cordes , & on eut le plaifir de le voir
s'élever à plus de 100 pieds.

Une nombreufe populace accourut auffitôt
de toute part ; la Place des Victoires fut
couverte de monde , & la furprife des perfonnes qui n'étoient pas prévenues , fut extrême , en voyant dans les airs un corps de
ce diamètre. Mais le vent qui furvint , pouvant le fatiguer , on le retira pour le remettre
à fa première place , dans la cour où étoit
fon établiffement ; & il eut ce jour-là une
fi grande quantité de vifites , qu'une garde
du Guet à pied & à cheval , établie à la
porte , ne put jamais retenir l'affluence du
monde , & qu'il fallut fe déterminer à laiffer

les portes ouvertes, pour fatisfaire la curiofité
& l'empreffement du Public.

Comme le Ballon devoit paffer par la porte
cochère, on avoit eu l'attention de ne pas
achever de le remplir dans la journée ; ce
n'étoit certainement pas un petit embarras
que cette fortie de la cour. L'on avoit eu
d'abord le projet de le faire paffer par-deffus
la maifon, en le retenant avec une corde &
le laiffant s'élever de lui-même, pour le retirer enfuite par la Place des Victoires. Mais
comme cette opération devoit fe faire pendant la nuit, afin de n'être pas gêné par un
Public toujours importun, & qu'il étoit auffi
difficile que périlleux d'agir dans les ténèbres
avec une Machine de cette efpèce, il fallut
fe déterminer à la faire paffer par la porte
cochère, en la confiant à des mains habiles,
qui devoient la diriger avec prudence.

L'on expédia d'abord pour le Champ de
Mars l'attirail & tous les acceffoires néceffaires à l'expérience ; à deux heures après minuit,
le Ballon fut dégagé de fes liens ; des perfonnes intelligentes le tranfportèrent jufqu'à
la porte : & comme il n'étoit pas plein, on

eut la facilité de le comprimer & de lui faire
adopter une forme allongée, qui lui permit
d'arriver fur la Place des Victoires fans le
plus léger accident. Il fut dépofé fur un bran-
card prêt à le recevoir, & difpofé pour cet
objet. Les mêmes lifières qui le tenoient fufpendu dans la cour, le rendirent ftable, &
il entra en marche.

Rien de fi fingulier que de voir ce Ballon
ainfi porté, précèdé de torches allumées,
entouré d'un cortège, & efcorté par un
détachement du Guet à pied & à cheval.
Cette marche nocturne, la forme & la capacité du corps qu'on portoit avec tant de
pompe & de précaution; le filence qui régnoit, l'heure indue, tout tendoit à répandre fur cette opération une fingularité & un
myftère véritablement faits pour en impofer
à tous ceux qui n'auroient pas été prévenus.
Auffi les Cochers de fiacre qui fe trouvèrent
fur la route, en furent fi frappés, que leur
premier mouvement fut d'arrêter leurs voitures, & de fe profterner humblement,
chapeau bas, pendant tout le tems qu'on
défiloit devant eux.

Enfin le Ballon arriva par les rues des
Petits-Champs, de *Richelieu*, de *S. Nicaife*,
par le *Caroufel* , le *Pont-Royal* , la rue de
Bourbon & les *Invalides* , à l'Ecole Militaire , où il fut dépofé au milieu du Champ
de Mars , dans une enceinte difpofée pour
le recevoir. La courfe qu'il venoit de faire
n'étoit pas petite , car la Carte de Paris
donne 1700 toifes depuis la partie de la Place
des Victoires d'où il partit, jufqu'au point
où il arriva.

Les lifières qui l'enveloppoient fervirent
à le retenir en place , au moyen de petites
cordes fixées vers le méridien du globe , &
qui furent arrêtées dans des anneaux de fer
plantés en terre.

Dès l'inftant où le jour parut , l'on s'occupa à faire de l'air inflammable pour remplir
le Ballon. L'activité qu'on mit dans ce travail, fut telle, qu'à midi il étoit affez plein
pour avoir une belle forme , & qu'il falloit
peu de tems pour achever de le remplir ; mais
l'on réfervoit au Public le refte de l'opération , pour lui donner une idée de la manière
dont on produifoit le gaz.

Le Champ de Mars étoit garni de troupes ,
les avenues étoient gardées de tout côté ; les
ordres étoient donnés pour faciliter la marche
des voitures, & prévenir les accidens. A
trois heures , l'on vit le Champ de Mars se
couvrir de monde ; les carroffes arrivoient de
toute part , & bientôt ils ne purent aller qu'à
la file.Les bords dela rivière,le chemin deVer-
failles , l'amphithéâtre de Paffy étoient garnis d'une foule immenfe de Spectateurs. L'Hôtel de l'Ecole Militaire & le Champ de Mars
renfermoient la plus fuperbe & la plus nombreufe affemblée. A cinq heures , un coup de
canon fut le fignal qui annonça que l'expérience alloit commencer ; il fervit en même-
tems d'avertiffement pour les Savans placés
fur la terraffe du Garde - Meuble, de la Couronne , fur les tours de Notre - Dame & à
l'Ecole Militaire , & qui devoient appliquer
les inftrumens & les calculs à leur obfervation. Le Globe , dépouillé des liens qui le retenoient , s'éleva , à la grande furprife des
Spectateurs , avec une telle viteffe , qu'il fut
porté en deux minutes à 488 toifes de hauteur ; là , il trouva un nuage obfcur dans les

quel il fe perdit ; un fecond coup de canon annonça fa difparition , mais on le vit bien- tôt percer la nue , reparoître un inftant à une très-grande élévation , & s'éclipfer dans d'au- tres nuages.

La pluie violente qui furvint au moment où le Globe s'élevoit , ne l'empêcha pas de monter avec une extrême rapidité ; & l'ex- périence eut le plus grand fuccès , elle étonna tout le monde. L'idée qu'un corps parti de terre , voyageoit dans l'efpace , avoit quel- que chofe de fi admirable & de fi fublime, elle paroiffoit fi fort s'écarter des loix ordinaires , que tous les Spectateurs ne purent fe défendre d'une impreffion qui tenoit de l'enthoufiafme. La fatisfaction étoit fi grande , que les Dames, élégamment vétues , les yeux dirigés fur le Globe , recevoient la pluie la plus forte & la plus abondante , fans fe déranger , s'occu- pant beaucoup plus alors de voir un fait auffi furprenant , que du foin de fe garantir de l'orage.

Le Globe avoit 12 pieds 2 pouces de dia- mètre ; fa circonférence exacte étoit donc de

38 pieds 3 pouces 8 lignes ; fa capacité intérieure de 943 pieds 6 lignes cubes ; le poids du taffetas & du robinet , de 25 livres ; & la force d'afcenfion , lorfqu'il s'eft élevé , de 35 livres.

L'on eut tort , dans cette expérience , d'introduire de l'air atmofphérique dans le Globe, pour achever de le remplir & lui donner une forme bien arrondie ; cet air ne pouvoit qu'occafionner une preffion nuifible à l'enveloppe : mais on en eut un bien plus grand encore d'y faire paffer trop d'air inflammable , ce qui augmenta de beaucoup le degré de force expanfive. Cet air lui donnoit la facilité de réagir avec violence contre les parois du Ballon , lorfqu'il feroit parvenu à une région où l'air atmofphérique feroit moins denfe. Mais il n'eft pas étonnant que , dans une première expérience de cette nature , on n'ait pas tout prévu ; l'on fait d'ailleurs qu'une circonftance qu'il eft inutile de rappeller ici , empêcha les perfonnes qui avoient prévu cette faute , & qui avoient recommandé de l'éviter , d'être entendues. Quoi qu'il en foit , le Ballon ne fe

foutint tout au plus que trois quarts - d'heure
en l'air , & tomba à cinq heures trois quarts,
à côté de la remife d'Ecouen , ayant une ouverture fur fa partie fupérieure. Il fut ramaffé
par des Payfans de Goneffe , qui le traînè-
rent à travers les champs pendant un mille ,
& le mirent dans le plus mauvais état. L'on
compte environ cinq lieues du point de fon
départ à celui de fa chûte, c'eft-à-dire, du
Champ de Mars, à Ecouen.

L'expérience n'en fut pas moins intéreffante , & la première qui ait été faite en ce
genre. *MM. Robert ,* Mécaniciens , avoient
été chargés de conftruire le Globe, & *M.
Charles ,* Profeffeur de Phyfique , du foin de
veiller à leurs travaux.

EXPÉRIENCES

AÉROSTATIQUES;

FAITES

AVEC DE PETITS BALLONS.

M. de Montgolfier le jeune étant arrivé à Paris quelque tems avant l'expérience du Champ de Mars, & ayant été invité par l'Académie Royale des Sciences à répéter celle d'Annonay, s'occupa à faire conftruire une Machine de 70 pieds de hauteur, fur 40 de diamètre. Il fallut du tems pour exécuter un Ballon de ce volume.

Dans cet intervalle, les Amateurs de la phyfique s'exercèrent à faire diverfes expériences en petit, d'après celle du champ de Mars : car, quoique M. de Montgolfier fût bien éloigné fans doute de faire un myftère de fon procédé, il s'étoit réfervé de ne le déclarer qu'à la première expérience qu'il feroit lui-même; & perfonne ne pouvoit défapprouver fa conduite à ce fujet.

L'on effaya d'abord de faire des Ballons
en papier fin & léger ; mais cette matière
étant perméable à l'air inflammable , perfonne ne put réuffir à enlever des Ballons
de cette efpèce. Il fallut donc chercher une
matière moins poreufe & plus légère encore , s'il étoit poffible ; & l'on y réuffit.

Le Journal de Paris , du 11 Septembre ,
apprit au Public , que M. le baron de Beaumanoir , qui cultive avec autant de fuccès
que de zèle les fciences & les beaux-arts ,
devoit faire partir un Ballon de 18 pouces
de diamètre (1). A midi de ce même jour ,

(1) Voici la lettre de M. le baron de Beaumanoir , telle qu'elle eft imprimée dans le Journal de
Paris. " Meffieurs , je viens d'exécuter, aujour-
» d'hui 10 Septembre , un *minimum* de la Machine
» aéroftatique de MM. de Montgolfier , par l'enlè-
» vement d'un Ballon d'un pied & demi de dia-
» mètre , & qui ne pefoit que cinq gros trois
» quarts; il a déplacé un volume d'air de vingt-un
» gros, & s'eft élevé par conféquent avec une
» force de douze gros, en fuppofant l'air inflam-
» mable à trois gros un quart. Je vous prie de me
» permettre de prendre date dans votre Journal
» pour une expérience que les Amateurs pourront

Il fit cette expérience en préfence d'une nombreufe affemblée, dans le jardin qui fait face à l'hôtel de Surgeres, *rue de la Ville l'Evêque*. Comme M. de Beaumanoir vouloit répéter l'expérience le foir, il n'abandonna pas le Ballon qui s'éleva très-bien, mais qui fut retenu par un fil de foie qui ne lui permit guère de monter au-delà de 50 pieds. A cinq heures du foir du même jour, ce petit Globe fut rempli de nouvel air inflammable, & fut abandonné à lui-même. Les Spectateurs eurent le plaifir de le voir s'élever à une très-grande hauteur ; il difparut enfuite en prenant la route de Neuilly, & l'on affure qu'il fut retrouvé à plufieurs lieues par des Payfans.

Quoique cette expérience pût être regardée en rigueur comme un objet de pure curiofité, elle ne laiffa pas que d'intéreffer les perfonnes qui fe propofoient de faire des

,, venir voir aujourd'hui jeudi à l'hôtel de Surge-
,, res, rue de la Ville-l'Evêque, à onze heures
,, précifes du matin ''.

J'ai l'honneur d'être &c. Le Baron DE BEAU-MANOIR.

recherches pratiques fur les gaz. Celle - ci
nous donnoit un fait de plus & une application en petit , qui pouvoit fervir d'échelle
& d'objet de comparaifon. Ce n'étoit pas
abfolument le *minimum* , mais l'on étoit fur
la voie de le trouver. Je fais , à la vérité ,
qu'en connoiffant le poids des matières qu'on
vouloit employer , le calcul conduifoit au
même but ; mais l'expérience frappe beaucoup plus que la théorie, & elle fixe plus
irrévocablement les idées. D'ailleurs il falloit trouver la matière légère qu'on vouloit
employer ; & fans cette expérience, on n'y
feroit certainement jamais parvenu.

La matière qu'employa M. le baron de
Beaumanoir , étoit une fubftance animale ,
connue dans l'art du Batteur d'or fous le nom
de *peau de baudruche*. C'eft entre des livrets
de cette peau , d'une légèreté & d'une foupleffe extrême , qu'on parvient à réduire l'or
en feuillets fi minces , qu'ils peuvent fe foutenir & flotter affez long-tems dans l'air.

La *baudruche* n'eft que la pellicule intérieure qui tapiffe le gros boyau du bœuf :
on détache cette légère enveloppe , qu'on

étend toute fraîche fur des planches , pour avoir la facilité d'enlever avec délicateffe les parties graffes & filandreufes qui la rendroient inégale ; on la laiffe fécher en cet état , & on lui donne d'autres préparations pour l'adoucir & la rendre propre au genre d'emploi auquel on la deftine.

Lorfque cette peau a paffé plufieurs fois fous le marteau du Batteur d'or , l'on en fait ufage pour les coupures , & elle produit le même effet que le taffetas d'Angleterre ; c'eft-à-dire , qu'elle intercepte très - bien l'action de l'air : elle eft connue alors fous le nom de *peau divine.*

M. Defchamps de Neufchâteau , peintre , demeurant dans la Cour du Commerce , eut le premier l'idée d'employer cette matière : il en porta des échantillons à M. le baron de Beaumanoir , qui en reconnut l'avantage , & exécuta fur-le-champ le premier Ballon fait en ce genre (1). Le même Peintre en

_____

(1) M. Cavallo , à Londres , ne pouvant pas faire enlever des Ballons de papier , avoit eu en 1781 , l'idée d'employer la même matiere que M. Def-

fit bientôt de plufieurs grandeurs ; & il parꝱ
vint à leur donner la forme fphérique ou
ovale la plus parfaite.

Peu de jours après , plufieurs perfonnes
cherchèrent à imiter. les Ballons de M. Defchamps , & elles y parvinrent. M. Gardeux ,
fculpteur , m'en apporta un de fept pouces de
diamètre ; je le fis enlever dans le Jardin du
Palais Royal , & il partit très-bien.

Enfin , M. Defchamps voulant renchérir
fur ceux qui imitoient fes Ballons, en fit un de
fix pouces de diamètre, de la plus jolie forme.
Il voulut bien m'en faire le facrifice , &
me pria de le mettre en expérience ; je le
remplis d'air inflammable tiré du zinc par
l'acide marin , en préfence de M. le chevalier de Lorimier, de M. Mogué de Querville ,
de M. le comte de Baruel & de plufieurs autres perfonnes qui fe trouvoient dans ce mo-

champs , mais il ne fit aucun effai à ce fujet. Croi-
roit-on que deux fiecles auparavant , Jules-Céfar
Scaliger propofoit , pour imiter la Colombe volante
d'Architas , de faire ufage d'une enveloppe de la
même peau des Batteurs d'or ? *Scaliger de fubtilitate ad Cardanum , exercit. 326.*

ment chez moi. Le petit Ballon s'éleva très-
bien , & alla fe fixer contre le plancher de
mon appartement qui a douze pieds de hauteur. Il fe feroit élevé à perte de vue, fi j'a-
vois voulu l'abandonner en plein air, mais
j'étois bien-aife de le conferver pour d'autres expériences.

Si ce Ballon qui avoit douze pouces de diamètre de moins que celui de M. le baron de
Beaumanoir , n'eft pas le *minimum*, il en
eft certainement très-près ; car , fi l'on n'a-
voit pas pris les plus grandes précautions
pour le remplir, il ne feroit certainement
pas parti , cette matière prenant l'humidité
de l'air , & fa force d'afcenfion n'étant que
de dix grains (1).

(1) Ce Ballon , fait avec un foin extrême , avoit fix
pouces de diamètre ; il ne pefoit que . . . 36 grains.
L'air atmofphérique qu'il déplaçoit étoit de 51.

Son folide étoit de 113 pouces ½ cubes ,
dont 1728 font le pied cube d'air atmofphérique qui pèfe 780 grains environ.

L'air inflammable tiré du zinc , étant $\frac{1}{16}$,
pefoit dans le Ballon 5
Poids du Ballon 36
La force d'afcenfion étoit donc de . . 10
$\overline{}$
Poids total , 51 grains.

Bientôt les Ballons aéroftatiques en peau de baudruche devinrent à la mode, & il ne fe paffa pas de jour que l'on n'en enlevât plufieurs, foit à la ville, foit à la campagne. L'on en fit même de 30 pouces de diamètre. Mais cette matiere eft fort chère, & fujette à divers inconvéniens; car elle reçoit l'humidité, ce qui augmente fon poids; & elle ne retient pas long-tems l'air inflammable, qui s'échappe bientôt par des pores invifibles à l'œil; mais qui n'en exiftent pas moins dans le tiffu d'une membrane auffi délicate.

Mais fi l'on fait attention qu'il eft très-difficile de remplir parfaitement un tel Ballon, qu'il en faut lier l'ouverture avec du fil, & qu'il fe perd toujours de l'air dans cette manœuvre, l'on verra que la rupture d'équilibre étoit bien légère; ainfi un Ballon de cette efpèce eft très-rapproché du véritable *minimum*.

EXPÉ-

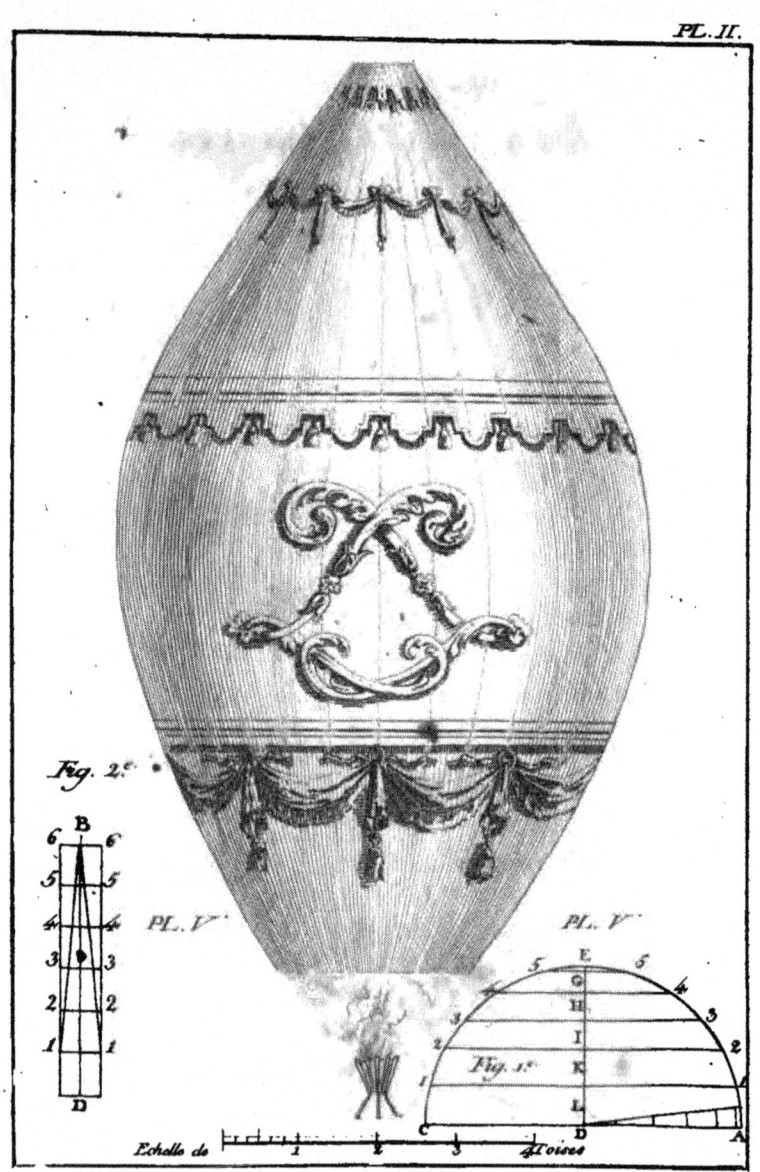

PL. II.PL. II.

Fig. 2.ᵉ

PL. V.   PL. V.

Fig. 1.ᵉ

Echelle de   1   2   3   4 Toises

MACHINE AEROSTATIQUE

EXPÉRIENCE

FAITE avec un Ballon de 70 pieds de hauteur fur 40 de diamètre, dans le jardin de M. Reveillon, rue de Montreuil, fauxbourg S. Antoine, le 12 Septembre 1783, en préfence de Meffieurs les Commiffaires de l'Académie Royale des Sciences.

LA Machine aéroftatique que M. de Mont. golfier faifoit exécuter au fauxbourg S. Antoine, étoit en toile de canevas, doublée tant en dedans qu'en dehors d'un fort papier.

Sa coupe géométrique étoit formée ;

1°. Par un prifme de 24 pieds de hauteur :

2°. Par une pyramide de 27 pieds ½ qui devoit couronner le prifme ;

3°. Par un cône tronqué, de 18 pieds ½, deftiné à former la partie inférieure de la Machine.

Chacune de ces portions étoit compofée de 24 bandes ou méridiens, réunis & coufus enfemble.

C

En cet état, la Machine développée , pleine de gaz , & tendue dans tous les points , devoit affeéter la forme d'un fphéroïde. La Planche II , deſſinée d'après nature, en donne la figure la plus exaéte.

La Machine étoit peinte en bleu d'azur , & repréfentoit une efpèce de tente avec fon pavillon , & fes ornemens en couleur d'or. Sa longueur totale étoit de 70 pieds, & fon poids de 1000 livres. L'air qu'elle déplaçoit pouvoit être évalué à environ 4500 livres ; & la vapeur dont elle devoit être remplie , étant une fois plus légère que l'air commun , ne pefoit que 2250 livres : il y avoit donc un excès de légèreté de 1250 livres ; la Machine pouvoit donc enlever un poids de cette force.

L'approche de l'équinoxe ayant amené les pluies d'automne , les opérations relatives à cette expérience furent fans ceffe contrariées. La Machine étoit d'un fi grand volume , qu'il étoit impoffible de l'affembler & de la coudre autre part qu'en plein air & dans le jardin fpacieux où elle devoit être établie. C'étoit un très-grand embarras que de ployer cha-

que foir une enveloppe fi lourde , & que les
forts papiers dont elle étoit couverte, rendoient
caffante ; auffi falloit-il ordinairement au moins
vingt hommes pour la remuer , & ils étoient
obligés d'ufer d'adreffe & de précaution pour
ne rien détruire. Jamais machine n'a donné
autant d'inquiétude ni d'embarras.

Il eft vrai que M. de Montgolfier n'auroit
pu trouver un lieu plus commode ni plus
agréable , & fur-tout un ami plus obligeant
que M. Reveillon, propriétaire de la manufacture royale de papiers peints , de la rue de
Montreuil. Les peines , le zèle & le définté-
reffement qu'il n'a ceffé de mettre dans tout
ce qui étoit relatif aux expériences de M. de
Montgolfier , lui ont fait un véritable honneur
dans l'efprit de tous ceux qui en ont été témoins. Les fciences font fi fouvent contrariées , qu'on ne fauroit trop avoir de reconnoiffance pour ceux qui s'empreffent ainfi de
leur être utiles.

Cette Machine auroit pu fans doute être
conftruite d'une manière plus folide & moins
fujette à être endommagée, & M. de Montgolfier en convenoit lui-même ; mais divers

motifs l'avoient déterminé à ne pas la faire autrement. Le premier étoit relatif à l'expérience d'Annonay, où l'on avoit procédé avec
une enveloppe semblable qui avoit parfaitement
réuſſi, & il étoit de la prudence, pour avoir
les mêmes réſultats, d'employer févérement
la même méthode. Il falloit d'ailleurs s'occuper de la meilleure manière d'empêcher la vapeur de ſe diſſiper ; & la double enveloppe de
papier étoit alors ce qu'il y avoit de plus convenable pour cet objet.

Le ſecond motif ne pouvoit que faire honneur à la délicateſſe de M. de Montgolfier,
car Meſſieurs de l'Académie Royale des Sciences, mieux en état que perſonne d'apprécier
le mérite de cette découverte, & en ayant
ſenti toute l'importance, avoient offert de
payer les frais de cette Machine ſans les limi-
ter, & cela ſuffiſoit pour que l'Auteur cher-
chât les moyens les plus économiques de diminuer la dépenſe.

Enfin le 11 du mois de Septembre, le tems
paroiſſant ſe diſpoſer au beau, la Machine
étant entièrement finie, fut miſe en place &
diſpoſée pour faire les premières expériences.
L'on en fit le ſoir même l'eſſai, l'on vit avec

admiration cette belle Machine fe remplir en neuf minutes , fe redreffer fur elle-même , fe tendre dans tous les points , & prendre la plus belle forme. Huit hommes qui la rete-noient , furent foulevés à plufieurs pieds , & elle fe feroit enlevée à une grande hauteur , fi on ne lui avoit pas oppofé de nouvelles forces.

Meffieurs les Commiffaires de l'Académie des Sciences furent invités à affifter le lende-main , à huit heures du matin , à l'expérience qui leur étoit confacrée , & qui eût été répétée plufieurs fois à leur volonté , fi le mauvais tems n'avoit pas tout dérangé.

Le lendemain, vendredi 12 Septembre , Meffieurs Cadet , l'abbé Boffut , Briffon , Lavoifier & Defmareft , Commiffaires , étant arrivés , l'on vit avec inquiétude que des nua-ges épais fe difpofoient à couvrir l'horizon , & qu'on étoit menacé d'orage. Cependant le mauvais tems n'étoit pas décidé , il étoit pof-fible que tout fe paffât fans pluie ; les prépara-tifs étoient faits. Une affemblée nombreufe & diftinguée , brûloit du defir de voir cette belle expérience. L'on craignoit d'ailleurs qu'en différant encore , l'expérience fût rejetée trop loin ; tout l'appareil étoit en état, il eût fallu du tems pour le démonter : l'on se décida donc à remplir le Ballon.

Cinquante livres de paille séche qu'on alluma par paquets, & sur lesquelles on jeta à diverses reprises une dizaine de livres de laine hâchée, produisirent en dix minutes une vapeur si expansive & douée d'une telle force, que la Machine, malgré sa pesanteur, quoique déprimée & repliée sur elle-même, se redressa graduellement & comme par ondulation : son volume & sa capacité étonnerent les spectateurs ; & lorsqu'elle se fut développée en entier, & qu'elle tendit à s'enlever, la surprise & l'admiration redoublèrent.

La Machine perdit terre, & se soutint à plusieurs pieds avec une charge de cinq cent livres. Si l'on eût coupé dans ce moment les cordes qui la retenoient, elle alloit s'enlever à une très-grande hauteur. La pluie survint subitement ; alors le vent souffla avec impétuosité ; le plus sûr moyen de sauver la Machine, étoit de la laisser partir (1). Mais,

(1) C'étoit l'avis de M. Argant, citoyen de Geneve, ami de MM. de Montgolfier, & savant physi.

comme elle étoit deſtinée à des expériences
qui devoient avoir lieu à Verſailles , on voulut ne pas l'abandonner , & les efforts qu'on
fit pour l'obliger à deſcendre , joints à des
coups de vent furieux & à la pluie qui l'inon-
doit , la déchirèrent en pluſieurs endroits.
Comme l'orage redoubla , & ſe ſoutint long-
tems , il fut abſolument impoſſible de la manœuvrer en cet état. Elle endura la pluie
pendant plùs de vingt-quatre heures ; les papiers ſe décollèrent & tombèrent en lam-
beaux ; le canevas fut mis à découvert , &
cette belle & ſuperbe Machine , qui avoit
coûté tant de ſoins , fut détruite en très-
peu de tems.

Les Spectateurs , ſenſibles à ce fâcheux
événement , donnèrent à M. de Montgolfier
les marques les plus flatteuſes de l'intérêt
qu'ils prenoient à ſa découverte. Meſſieurs
les Commiſſaires de l'Académie s'empreſ-
fèrent de lui remettre ſur - le - champ une

cien , à qui l'on doit pluſieurs découvertes impor-
tantes.

attestation , qui fait honneur à leur justice
& à leur manière de voir (1).

(1) Comme cette attestation constate l'ascension
de la Machine avec les poids qu'elle portoit , &
qu'elle prouve que l'expérience n'a été dérangée
que par une force majeure , qui n'a diminué en
rien le mérite de la découverte, j'ai cru devoir la
consigner ici :

" Messieurs les Commissaires de l'Académie
" Royale des Sciences se sont transportés, aujour-
" d'hui 12 Septembre le matin, dans la Manufac-
" ture de papiers peints de M. Reveillon, rue de
" Montreuil, fauxbourg Saint Antoine , pour être
" témoins des effets de la Machine aérostatique de
" MM. de Montgolfier. Elle a été remplie en grande
" partie de gaz , & elle a perdu terre, chargée de
" quatre à cinq cent livres. Mais la pluie & le vent
" qui avoient commencé pendant la nuit , & qui
" ont été presque continuels pendant toute la ma-
" tinée, n'ont pas permis de continuer l'expé-
" rience , & ont d'ailleurs tellement fatigué la
" Machine, qu'elle a besoin de réparations essen-
" tielles. M. de Montgolfier estime qu'il faut plu-
" sieurs jours pour la remettre en bon état, &
" qu'il est nécessaire d'attendre, pour opérer, un
" tems calme & serein. A Paris, à la Manufacture
" de M. Reveillon, ce 12 Septembre 1783. Signé,
" CADET, BOSSUT, BRISSON, LAVOISIER &
" DESMAREST.

EXPÉRIENCE

FAITE à Versailles, le 19 Septembre 1783, en présence du Roi & de la Famille Royale, par M. de Montgolfier, avec une Machine aérostatique de 57 pieds de hauteur sur 41 de diamètre.

LE jour de l'expérience de Versailles étoit fixé au 19, mais la Machine qui devoit servir à la répéter, étoit absolument hors de service. M. de Montgolfier calcula les heures qui lui restoient ; ses amis se joignirent à lui (1), & le dimanche 14, on mit la main à un nouveau Ballon qu'on se détermina à construire entièrement en bonne toile. Rien ne fut épargné, l'on travailla nuit & jour ; & le jeudi 18, la Machine fut entièrement construite, peinte & décorée : le soir même on en fit l'essai en présence de Messieurs les

_____

(1) Entr'autres, MM. Reveillon, Argand, Mogué de Querville, Quinquet, Lange, Meigner, &c.

Commiffaires de l'Académie qu'on eut l'attention d'y inviter, & elle réuffit très-bien.

L'on avoit été obligé d'employer près d'un mois pour conftruire la Machine de canevas doublée en papier ; celle en toile, en y travaillant avec un zéle & une activité qui n'ont pas d'exemple, fut terminée le cinquième jour.

Le lendemain 19, elle fut établie dans la grande cour du château de Verfailles, fur un théâtre octogone qui correfpondoit à l'attirail & aux cordages tendus pour la manœuvrer.

Cette efpèce d'échafaud, recouvert & entouré de toiles de toute part, avoit dans le milieu une ouverture de plus de quinze pieds de diamètre, autour de laquelle on pouvoit circuler au moyen d'une banquette deftinée à ceux qui faifoient le fervice de la Machine. Une garde nombreufe décrivoit une double enceinte autour de ce vafte théâtre.

Le dôme de la Machine étoit déprimé, & portoit horizontalement fur la grande ouverture de l'échafaud à laquelle il fervoit de voûte ; le refte des toiles étoit abattu, &

fe replioit circulairement fur les banquettes;
de forte qu'en cet état , la Machine n'avoit
aucune efpèce d'apparence , & reffembloit
à un amas de toiles de couleur qu'on auroit
entaffées fans ordre : il en régnoit cependant un très - grand dans la difpofition &
la conduite de tout cet appareil.

Le deffous de l'échafaud étoit confacré
pour les opérations propres à produire la vapeur. C'étoit fous la grande ouverture , re-
couverte par le dôme de la Machine , que
devoit fe faire ce travail. Au milieu & à
terre étoit un rechaud de fer à claire voie ,
de quatre pieds de hauteur , fur trois de
diamètre , fait pour recevoir les matières
combuftibles. Un entourage en forte toile ,
peinte & de forme circulaire , adhérant à la
bafe du Ballon , & defcendant par le trou
jufques fur le pavé , pouvoit être confidéré
comme un vafte entonnoir , comme une
efpèce de cheminée deftinée à contenir les
vapeurs , & à les conduire dans l'intérieur
de la Machine ; de forte que les perfonnes
qui devoient diriger le feu , fe trouvoient
placées par ce moyen fous le Ballon même ;

elles avoient à leur portée des provifions
de paille & de laine hâchée pour produire
la vapeur, ainfi qu'une cage d'ofier avec un
mouton, un coq & un canard, & tous les
autres agrets néceffaires pour l'expérience.

Je m'étends peut-être un peu trop fur ces
détails ; mais ils font trop inftructifs pour être
négligés. Ils démontrent d'ailleurs combien
cette expérience exigeoit de foins & de com-
binaifons. Il eft vrai que M. de Montgolfier
trouva toutes les facilités & tous les moyens
qu'il pouvoit defirer (1).

(1) M. le maréchal de Duras, gentilhomme de
la Chambre, donna dans cette occafion des preuves de l'intérêt qu'il prenoit à cette découverte ;
& le zèle qu'il voulut bien y mettre, lui attira
l'hommage & la renonnoiffance des favans & des
gens de lettres.

Meffieurs les Intendans des Menus fe prêtèrent
de leur côté à ce qui pouvoit dépendre d'eux, pour
que M. de Montgolfier fût fervi felon fes defirs.

M. d'Ormeffons, contrôleur-général des finances,
eut ce jour-là chez lui M. de Montgolfier & la plupart des membres de l'Académie des Sciences.

Enfin, M. le marquis de Cubières, écuyer du
Roi, qui cultive d'une manière fi diftinguée les

'A dix heures du matin, la route de Paris à
Verfailles étoit couverte de voitures ; l'on
arrivoit en foule de toutes parts : & à midi les
avenues, les cours du château, les fenêtres
& même les combles, étoient garnis de fpectateurs. Tout ce qu'il y a de plus grand, de
plus illuftre & de plus favant dans la nation,
fembloit s'être réuni comme de concert pour
rendre un hommage folemnel aux fciences,
fous les yeux d'une Cour augufte qui les pro-
tége & les encourage.

Ce fut dans ce moment & au milieu de ce
concours immenfe de citoyens de tout état,
que leurs Majeftés & la Famille Royale daj-
gnèrent fe tranfporter dans l'enceinte, &
voulurent bien pénétrer jufques fous la Machine même pour en examiner les détails &
fe faire rendre un compte exaĉt de tous les
préparatifs de cette belle expérience.

A une heure moins quatre minutes, le
bruit d'une boîte annonce qu'on va remplir la

fciences & les beaux-arts, & qui a formé à Verfailles un cabinet d'hiftoire naturelle & de phyfique fi
intéreffant, ne refta pas en arriere pour prouver
qu'il favoit apprécier une découverte de cet ordre.

Machine; on la voit prefque auffitôt s'élever, fe gonfler & déployer avec rapidité les
plis & replis dont elle eft compofée ; elle fe
développe en entier, fa forme plaît à l'œil,
fa capacité impofante étonne : elle atteint
déjà jufqu'au plus haut des mâts. Une autre
boîte avertit qu'elle eft prête à partir, & à la
troifième décharge les cordes font coupées, &
la Machine s'élève pompeufement dans l'air,
entraînant avec elle l'attirail dans lequel
étoient renfermés un mouton & des volatiles.

La Machine s'éleva d'abord à une grande
hauteur, en décrivant une ligne inclinée à
l'horizon que le vent de fud la força de prendre ; elle parut refter enfuite quelques fecondes en ftation, & produifit alors le plus bel
effet. Enfin elle defcendit lentement dans le
bois de Vaucreffon, à 1700 toifes du point
d'où elle avoit été enlevée,

L'on ne refta que onze minutes pour la
remplir, & elle fe foutint huit minutes en
l'air.

Dans l'expérience d'Annonay, la Machine
dont MM. de Montgolfier firent ufage, s'é-
leva à une plus grande hauteur, puifqu'elle

parvint au moins à mille toifes ; cependant elle n'étoit pas à beaucoup près d'une conf- truction auffi régulière : il y eut donc une caufe qui s'oppofa à l'afcenfion de celle-ci. Elle offrit à la vérité un fuperbe fpectacle , mais elle ne parvint qu'à 240 toifes de hau- teur.

— Cette caufe qui ne fut connue que de quel- ques perfonnes placées très-près de la Ma- chine , ne fut pas ignorée de ceux qui la ma- nœuvroient. Le coup de vent qui frappa fur le Ballon , dans le moment où il préfentoit à l'air une fi vafte furface ; obligea tous ceux qui étoient chargés d'en faire le fervice , de le retenir avec effort ; cette force jointe à celle du vent & à la tendance qu'avoit la Ma- chine à s'enlever, occafionnèrent deux dé- chirures de fept pieds d'ouverture fur fon fommet & dans la partie où les toiles avoient été coufues dans un mauvais fens. Il n'étoit plus tems de parer à cet accident , dans une expérience qui ne pouvoit fouffrir aucun retard : l'on eut attention de développer feu- lement alors une plus grande maffe de va- peurs , & la Machine n'en partit pas moins

avec rapidité, fans être dérangée en rien par
le poids qu'elle entraînoit.

Les deux ouvertures fupérieures occafion-
nant l'évaporation du gaz, la force d'afcenfion
dut néceffairement s'affoiblir par le mélange
de l'air atmofphérique; il en réfulta pendant
quelques momens un équilibre parfait, & la
Machine qui ne montoit ni ne defcendoit
alors, fut très-belle à voir, & fit, dans cet
état de ftation, le plus grand plaifir aux
fpectateurs; mais à mefure que la vapeur fe
diffipoit, le Ballon defcendoit lentement du
côté du bois de *Vaucreffon*, & d'une manière fi tranquille, que l'on comprit alors
que, fi elle eût porté des hommes, ils n'auroient couru aucun danger.

Je me rendis prefque auffitôt fur les lieux
avec M. l'abbé d'Efpagnac, M. le chevalier
de Lorimier, M. Brongniart, &c. M. Pilatre de Rofier nous précédoit de quelques pas.
Nous vîmes le Ballon fur la partie du bois de
Vaucreffon, nommée le *Carrefour-maréchal*,
où il étoit développé fur la pelouze; un feul
de fes côtés portoit fur un petit chêne dont il
faifoit à peine ployer les branches.

Deux

Deux Gardes-chaſſe , qui ſe trouvèrent à
dix-pas du lieu où il étoit tombé , nous aſſurè-
rent qu'il étoit deſcendu avec une lenteur ſur-
prenante , en ſe repliant doucement ſur lui-
même , & nous dirent , qu'un inſtant avant
que le Ballon eût touché terre , il paſſa au-
deſſus d'une grande meule de bois , qu'ils
nous firent voir ; & que comme la corde
qui tenoit la cage ſuſpendue étoit très-longue,
elle toucha contre les bois & ſe rompit , ſans
que la cage , le mouton & les autres animaux
en éprouvaſſent le moindre dérangement. Il
faut donc abſolument rejetter le récit qui annonça que le coq s'étoit rompu la tête ; nous
le trouvâmes en bon état , & s'il avoit le deſſus de l'aile droite écorché , cet accident n'é-
toit dû qu'à un coup de pied du mouton , &
étoit arrivé en préſence de plus de dix témoins , au moins demi-heure avant l'expérience.

Il eſt fâcheux de voir les papiers publics annoncer ainſi des faits ſans preuve , & qui dans
des cas pareils devroient être toujours garan-
tis par la ſignature de ceux qui les envoient.
L'on a auſſi aſſuré dans pluſieurs gazettes &

journaux , que la Machine de M. de Montgolfier avoit été remplie avec de l'air inflammable , tandis que les procédés qu'on a employés , ont confifté fimplement à faire ufage de paille féche allumée , & de quelques livres de laine hachée. Je parlerai plus particulièrement de cette vapeur.

Tout ce qui a été dit jufqu'à préfent fur le point de fon élévation , & fur l'efpace qu'elle a parcouru , n'eft pas plus exact. La vraie diftance felon la carte de l'Académie , du point du départ au bois de *Vaucreffon* , *carrefour-maréchal* , eft de 1700 toifes. Quant à la hauteur, deux habiles Aftronomes s'en font occupés , en fe plaçant à l'Obfervatoire de Paris. M. le Gentil a fixé cette hauteur à 280 toifes au-deffus du fecond étage de l'Obfervatoire royal ; & M. Jeaurat , 293 au-deffus du rez-de-chauffée du même Obfervatoire (1).

_____

(1) Voici la lettre que M. le Gentil adreffe à ce fujet aux Auteurs du Journal de Paris.
A l'Obfervatoire , ce famedi matin 20 Sept. 1783.
" MONSIEUR , je fuis refté hier à l'Obfervatoire
» royal, d'où j'ai obfervé le Ballon fort à mon
» aife, à mon quart de cercle de 3 pieds de rayon,

La Planche I, deſſinée d'après nature, avec autant d'eſprit que de vérité, par M. le chevalier de Lorimier, chevau-léger, &

„ le même dont je me ſers pour toutes mes obſerva-
„ tions aſtronomiques. Je l'avois mis dans la tour
„ occidentale au ſecond étage; je plaçai la lunette
„ de cet inſtrument dans un azimut de 87 degrés,
„ au ſud du clocher du *Mont-Valérien*. J'ai apperçu
„ le Ballon s'élevant au deſſus de l'horizon, d'abord
„ à la vue, enſuite dans la lunette, & conſéquem-
„ ment au point de l'horizon où je l'attendois.

„ Il s'eſt élevé aſſez vite, car du moment où j'ai
„ commencé à le voir, à celui où il m'a paru ceſſer
„ de monter, il ne s'eſt écoulé que 2′ 20″ à ma
„ montre : il eſt reſté un peu de tems, du moins
„ à mon égard, ſans monter ni deſcendre. Or,
„ j'ai trouvé la hauteur de ſon bord d'en haut
„ de 1ᵈ 55′ 35″.

„ Lorſque le Ballon a diſparu ſous l'horizon par rap-
„ port à moi, la lunette de mon quart de cercle
„ répondoit à un azimut qui faiſoit un angle de
„ 25 degrés un quart avec le clocher du *Mont-*
„ *Valérien*, à l'oueſt de ce clocher.

„ D'après ces obſervations, je conclus que le
„ Ballon ne s'eſt pas élevé à plus de 280 toiſes au-
„ deſſus du ſecond étage de l'Obſervatoire royal;
„ mais comme le côté de Verſailles eſt élevé d'une
„ quantité que je ſuppoſe être d'environ 40 toiſes

gravée par M. de Launay , repréfente le mo‑
ment où le Ballon plein d'air s'élève.

Sa hauteur exacte d'une extrémité à l'autre
étoit de . . . . 57 pieds.
Son diamètre de 41
Il pouvoit contenir . . . . . 37500 pieds cub.
L'air déplacé pefoit . . . . . 3192 livres ,
en fuppofant le poids de l'air de 784 grains le
pied cube. Mais le gaz de M. de Montgolfier

„ au-deffus du fecond étage de l'Obfervatoire, car
„ je ne vois point Verfailles , mais la côte de ce
„ côté me paroît élevée de 0ᵈ 23″ au deffus de
„ l'horizon , il s'enfuit que le Ballon n'a pas monté
„ plus haut que de 240 toifes au-deffus du terrein
„ ou de la côte de Verfailles.

„ J'ai l'honneur d'être , &c. LE GENTIL , de
„ l'Académie Royale des Sciences „.

„ Le 19 Septembre , jour où l'expérience a été
„ faite à Verfailles , M. Jeaurat étoit placé fur la
„ plate-forme de l'Obfervatoire, précifément au-
„ deffus de M. le Gentil , qui obfervoit en fon
„ particulier. Selon M. Jeaurat , le Globe avoit
„ une direction qui formoit avec la méridienne ,
„ vers le couchant , un angle de 87ᵈ 20′. L'angle
„ au-deffus de l'horizon étoit de 1ᵈ 55′ 55″, d'où
„ la hauteur a été conclue de 293 toifes au-deffus
„ du rez-de-chauffée de l'Obfervatoire ; d'ailleurs
„ le diamètre apparent étoit d'environ 6′, ce qui

étant d'une pefanteur moindre de moitié que
celle de l'air atmofphérique , fon poids étoit
de 1596 livres ; l'équilibre étoit donc rompu
de 1596 livres , fur quoi il faut déduire le
poids du Ballon , celui de la cage & du mouton , &c. 900 livres. Il reftoit donc net une
force de 696 livres qui auroit pu encore être
enlevée. Cette belle Machine , en toile de fil
& de coton , étoit peinte en dehors & en dedans à la détrempe ; l'on avoit mêlé dans la
couleur de l'intérieur de la terre d'alun ,
comme très-propre à réfifter à la plus forte
chaleur.

Quatre-vingts livres de paille & cinq livres
de laine hachée fuffirent pour produire les

,, indique que le Globe s'étoit approché de l'Obfer-
,, vatoire. On peut donc préfumer que la diftance
,, du Globe à l'Obfervatoire étoit moindre que celle
,, de Verfailles à l'Obfervatoire , fans compter qu'il
,, conviendroit de tenir compte de la différence
,, des niveaux des deux différens lieux ; mais les
,, rectifications qui ne peuvent fe faire moyennant
,, une difcuffion , femblent fuperflues pour une
,, détermination de cette efpéce , où il importe
,, peu de mettre une plus grande précifion ,,.
   Extrait de la Lettre de M. Jeaurat.

37500 pieds cubes de vapeur ; & fans les
deux déchirures de la partie fupérieure , il
n'eût fallu que cinquante livres de paille , ainfi
qu'on l'avoit éprouvé la veille.

M. de Montgolfier , qui avoit eu l'honneur
de préfenter au Roi , avant l'expérience , une
note par laquelle il annonçoit que la Machine
fe foutiendroit environ 20 minutes en l'air ,
& qu'elle parcourroit un efpace d'environ
2000 toifes , s'étoit mis par-là à l'abri de
toute critique. Un accident qu'il étoit impoffible de prévoir , fur-tout lorfqu'on voudra
faire attention qu'elle avoit été conftruite
dans quatre jours & quatre nuits , l'empêcha
d'avoir fon effet en entier ; mais elle refta
cependant huit minutes en l'air , & parcou-
rut un efpace de 1700 toifes. Les applaudiffemens & l'accueil honorable que reçut à ce fujet M. de Montgolfier , fuffifent pour démon-
trer que cette belle expérience caufa autant
d'étonnement que de fatisfaction. Et fi l'envie s'attache ordinairement à tout ce qui porte
l'empreinte du génie , elle ne fe manifefta
dans cette occafion que dans deux ou trois in-
dividus obfcurs , qui furent corrigés par le
ridicule qu'ils s'étoient fi juftement attiré.

DU GAZ INFLAMMABLE,

Et du Gaz de M. DE MONTGOLFIER.

LE gaz inflammable qui fixoit depuis
quelque tems l'attention des phyficiens , par
les beaux phénomènes qu'il préfente , offre ,
dans ce moment , des moyens nouveaux ,
applicables à des expériences qui vont ouvrir une carrière abfolument inconnue jufqu'à ce jour.

Cette vapeur , d'une légèreté extrême (car
l'air de l'atmofphère eft dix fois plus pefant
qu'elle) étant renfermée dans une enveloppe,
capable de la retenir , & d'une certaine capacité , s'enlève bientôt avec rapidité , entraînant avec elle , non-feulement le corps
qui la contient , mais encore des poids qu'on
peut proportionner à la maffe de gaz qu'on
a développée ; delà les Globes aéroftatiques
à air inflammable.

Ce fait eft conftaté de la manière la plus
authentique ; l'on a même le projet de conf-

truire un Ballon à air inflammable , affez confidérable pour enlever au moins un homme , & il eft bien à défirer que la chofe s'exécute ; l'on obtiendra par là un fait de plus. MM. Charles & Robert , qui ont ouvert une foufcription à ce fujet , méritent véritablement qu'on feconde leurs vues ; ils ont tout ce qu'il faut pour mener cette expérience à bien , & leur émulation ne peut qu'être avantageufe à cette découverte.

Quoique le gaz inflammable foit d'un haut prix , & qu'on ne l'obtienne pas en grand avec autant de facilité qu'on le defireroit , je fuis bien éloigné de le rejeter ; il eft à fouhaiter au contraire , avant d'y renoncer , qu'on ait abfolument épuifé toutes les reffources à ce fujet.

Les amateurs de la phyfique doivent porter leur attention fur deux points importans , relativement aux Ballons aéroftatiques à air inflammable ; le premier doit rouler fur les moyens les plus faciles & les plus économiques pour obtenir cet air ; le fecond regarde l'enveloppe : il faut chercher à s'en procurer une qui foit fimple , folide , qui

ne craigne , ni la pluie , ni les intempéries
des faifons , & fur-tout , qui conferve exactement le gaz , fans l'affoiblir ou le dété-
riorer en aucune manière , au moins pendant plufieurs mois.

Le fer , le zinc , le cuivre, l'étain , le plomb
mélangés avec les acides vitrioliques ou marins de bonne qualité , affoiblis par trois portions d'eau non féléniteufe , produifent de
l'air inflammable.

. Il faut , dans cette opération , ne jamais
faire ufage d'acide nitreux connu fous le nom
d'*eau forte* , parce que l'air que cet acide
dégage des métaux , eft d'une nature entièrement oppofée à l'air inflammable.

L'acide végétal , lorfqu'il a une certaine
force , produit également de l'air inflammable avec les métaux ; mais le moyen eft lent
& difpendieux.

La noix de galle pilée , ou toute autre
fubftance végétale fortement aftringente ,
mélées avec de la limaille de fer & de l'eau ,
forment une pâte liquide , qui produit , au
bout d'un jour ou deux , des bulles d'air inflammable ; mais ce procédé eft encore beau-

coup trop long. *Voyez Priestley , Expériences & Observations sur différentes branches de physique , tome II , page 130.*

L'air des marais est très-abondant , presque par-tout où les eaux sont stagnantes , & cet air inflammable ne coûteroit que la peine de le retirer. Il est vrai que les procédés seroient un peu génans en opérant dans le grand ; mais ne pourroit-on pas les simplifier ? Il me semble qu'il seroit facile, à l'aide d'un rateau de fer ou de bois , qu'on promèneroit dans le fond d'une eau bourbeuse , de s'en procurer des provisions assez abondantes : il s'agiroit de fixer sur ce rateau un grand entonnoir de fer-blanc qui en recouvriroit la surface ; l'air qui se dégageroit monteroit par le tuyau allongé de l'entonnoir, dans une grande bouteille renversée , ou dans tout autre vase plus commode plein d'eau ; l'air inflammable déplaceroit le fluide aqueux, & l'on boucheroit la bouteille lorsqu'elle seroit pleine ; deux personnes, dans un petit bateau , pourroient , avec de l'intelligence & de l'adresse , recueillir de cette manière , en assez peu de tems , beaucoup d'air , & en

faire des provifions. On peut imaginer d'autres moyens analogues , plus faciles encore ,
lorfqu'on voudra faire des recherches pratiques à ce fujet.

L'air des marais , quoiqu'inflammable , eft
moins léger que celui des métaux ; mais il
peut cependant être employé pour les Machines aéroftatiques.

L'efprit de térébenthine , diftillé dans un
appareil pneumato-chymique, produit de l'air
inflammable ; mais ce dernier eft encore plus
pefant que l'air des marais , & eft réduétible.

Le *charbon végétal* & le *charbon foffile* en
fourniffent auffi , mais il n'eft pas léger ; il
eft vrai que , comme il eft à préfumer qu'il
eft mélé d'air fixe , on pourroit l'en débarraffer, en le faifant paffer à travers l'eau de chaux.

L'efprit-de-vin reétifié , *l'éther vitriolique* ,
jettés par goutte dans des vaiffeaux qu'on fait
chauffer , donnent du gaz inflammable ; mais
il eft réduétible & fe condenfe par le froid ,
il forme alors des vapeurs aqueufes.

Enfin , d'autres matières fimples ou mélan-
gées pourroient produire encore de l'air inflammable ; rien n'empêcheroit d'effayer ;

par exemple , les huiles mêlées. Avec de l'o-
cre ferrugineuse , ou avec de la fuie , l'on a
des preuyes, depuis quelque tems , qu'une
telle mixtion s'enflamme fpontanément. Les
pyrites , mifés en décompofition , foit par le
feu , foit par le moyen de l'eau , ne doivent
pas être non-plus négligées.

Je ne donne ici cet énoncé rapide , qu'afin
de préfenter , fous un même point de vue ,
les fubftances propres à produire de l'air inflammable , afin de mettre à portée les perfonnes qui n'auroient pas eu occafion de faire
des recherches à ce fujet , de connoître au
premier coup-d'œil les matières fur lefquelles
il faut travailler de préférence.

Mais comme les recherches fur le gaz inflammable ont été jufqu'à préfent , plutôt relatives aux qualités intrinsèques de cet air &
à fes propriétés phyfiques , qu'à fa légèreté
fpécifique , & aux moyens les plus commodes de s'en procurer de grandes quantités , il
eft bon en attendant qu'on ait fait des découvertes à ce fujet , de donner ici les procédés qui m'ont le mieux réuffi , pour obtenir
le gaz inflammable tiré du fer par l'acide
vitriolique.

Moyen d'obtenir l'air inflammable par le
fer & l'acide vitriolique.

Procurez-vous de la limaille de fer ou de
celle d'acier, la plus pure que vous pourrez
trouver ; évitez fur toutes chofes, qu'elle foit
jaunâtre & rouillée, parce qu'ayant perdu
une partie de fon phlogiftique, elle contient
en cet état, beaucoup de gaz *acide méphiti-*
que, dont la pefanteur eft plus confidérable
que celle de l'air atmofphérique.

Paffez cette limaille à un tamis un peu gros,
pour en féparer les pailles, les petits éclats
de bois, & les autres corps étrangers qui
fe trouvent mélangés ordinairement avec la
limaille, que les ouvriers ne s'embarraffent
guère de tenir propre ; lorfque vous aurez
la quantité de limaille épurée qui vous fera
néceffaire, il faut vous munir d'acide vitriolique pur & concentré. L'on en trouve d'une
très-bonne qualité, connu fous le nom vul-
gaire d'*huile de vitriol*, à la manufacture de
Javelle près de Paris, & à *Rouen* (1).

(1) Celle de Javelle, à deux lieues de Paris,
coûte 10 fols la livre, en la prenant fur les lieux.

L'acide vitriolique doit être mélangé avec
de l'eau pure, dans les proportions de quatre
parties d'eau fur une d'acide ; mais cette mixtion doit être faite avec précaution, dans des
vafes de grès ou de faïence, en ayant attention de mêler d'abord les deux liqueurs à petite
dofe, à caufe de la chaleur exceffive qui réfulte de cette union, & qui occafionneroit la
rupture des vaiffeaux ; mais en allant doucement & avec prudence, il n'y a abfolument
rien à craindre ; au refte, l'expérience & l'habitude inftruiront mieux que tout ce qu'on
pourroit dire à ce fujet ; ce n'eft pas fans raifon non-plus que j'ai recommandé l'ufage des
vafes de faïence ou de grès, car l'acide ne
mord pas fur la couverte de la faïence, tandis qu'il détruit bientôt le vernis de la pote-
rie commune ; mais le véritable grès, qui eft
une efpèce de porcelaine très-groffière, n'en
a point.

Le meilleur moyen d'obtenir l'air inflammable pur & le plus léger poffible, eft de le

Celle de Rouen, de la manufacture de M. Holker,
eft auffi bonne.

faire paffer à travers l'eau , dans les appareils
pneumato-chimiques , difpofés à la manière
de M. le duc de Chaulnes , ou dans ceux qu'on.
trouve ordinairement chez prefque tous les
ingénieurs en inftrumens de phyfique ; mais.
ces appareils bien imaginés & très-commo-
des pour des expériences de cabinet , devien-
.nent infuffifans , lorfqu'il s'agit de fe procurer une très-grande quantité d'air.

Le procédé que je vais indiquer pour cet
objet me paroît fimple , & des plus faciles à
exécuter. Prenez une grande cuve de bois ,
& même en rigueur un tonneau de 4 à 5 pieds
de hauteur fur 6 à 7 de diamètre , placé verticalement & ouvert par la partie fupérieure ;
faites établir à environ 2 pouces ½ de l'ouverture , une tablette demi-circulaire , qui oc-
cupera la moitié du diamètre de la cuve , &
fera folidement conftruite & bien arrêtée
dans une rainure intérieure , difpofée pour.
la recevoir ; lorfque la cuve fera pleine ,
l'eau recouvrira la tablette , ce qui eft néceffaire; elle fera en cet état deftinée , comme
dans les appareils pneumato-chimiques ordinaires , à fupporter une cloche ou récipient

qui , au lieu d'être en verre , fera en fer-
blanc ; il faudra auffi pratiquer au milieu de
cette tablette , une ouverture cylindrique de
deux pouces de diamètre , au-deffous de laquelle on fixera avec du maftic un entonnoir
renverfé , de 5 à 6 pouces de largeur dans
fon grand diamètre , fur 7 à 8 pouces de
hauteur , & dont le tube rafera la partie fupérieure de la tablette.

Cet appareil très-fimple une fois conftruit ,
l'on aura une cloche en fer-blanc de deux
pieds ⅓ de diamètre fur 3 ½ de hauteur , ouverte par le bas , mais furmontée dans le haut
d'un robinet en cuivre placé verticalement &
difpofé de manière à être ouvert ou fermé à
volonté. Ce robinet doit avoir une allonge
propre à être viffée fur un fecond robinet
adhérent à l'ouverture du Ballon , & cette
partie du Ballon doit être un peu prolongée &
faite en entonnoir.

Le récipient ainfi établi en fer-blanc , peut
être peint en couleur à l'huile , afin d'être
préfervé de la rouille. Enfin , pour complé-
ter l'appareil , il eft néceffaire d'avoir une
efpèce de bouteille en plomb , d'un pied de
diamètre

diamètre fur deux pieds fix pouces de hauteur, à double goulot, dont l'un fervira
pour introduire la limaille de fer & l'acide,
& fera fermé enfuite avec un bouchon de
liège, & l'autre fera adhérent & foudé à un
long tube en plomb, recourbé & difpofé de
manière à pouvoir être placé facilement fous
l'entonnoir de la tablette.

Ces trois principales pièces ainfi préparées,
& la cuve étant pleine d'eau, l'on y enfoncera la cloche ou récipient en fer-blanc, en
ayant foin d'ouvrir auparavant le robinet,
afin que la cloche, en fe vidant d'air, fe rem-
plifle d'eau avec facilité ; l'opération faite, le
robinet fera fermé, & un homme ou deux
enlèveront en cet état doucement la cloche
pour la placer fur la tablette dans la partie
correfpondante au trou de l'entonnoir, &,
comme la tablette fera couverte de 2 pouces
d'eau, celle du récipient fe foutiendra &
n'aura aucune communication avec l'air extérieur.

Les chofes ainfi difpofées, la bouteille en
plomb fera ouverte, & l'on jettera par le trou,
qui doit avoir au moins un pouce de diamè-

tre , environ deux livres de limaille de fer ,
fur lefquelles on verfera de l'acide vitriolique,
de manière qu'il y en ait fuffifamment pour
que la limaille foit entièrement couverte par
le liquide ; l'on remuera très-promptement la
mixtion dans la bouteille de plomb , avec une
longue fpatule en fer ; la bouteille fera fur-le-
champ rebouchée , & l'air qui fe dégagera
avec impétuofité , parviendra par le tube dans
le récipient où il déplacera l'eau. Dés qu'on
s'appercevra que la cloche eft pleine , ce qu'on
reconnoîtra aux premières bulles d'air qui for-
tiront fous l'eau du récipient , l'on ouvrira le
robinet de la cloche & celui du Ballon, que je
fuppofe viffé & fufpendu au-deffus de l'appareil , & l'air , lorfqu'on enfoncera la cloche
dans l'eau , paffera dans le Ballon. L'eau qui
remplira de nouveau la cloche , fera déplacée
à fon tour par l'air inflammable. L'on enfoncera encore le récipient dans l'eau, & , en
continuant cette manœuvre, l'on fe procu-
rera une bonne provifion d'air inflammable
très-pur.

Il faut avoir foin , lorfqu'on s'appercevra

que l'effervefcence ceffe, de jeter de la nouvelle limaille & de l'acide dans la bouteille,
& d'intervalle en intervalle de l'acide un peu
plus fort ; c'eft-à-dire, affoibli fimplement
par deux portions d'eau.

Comme à force de jeter de la limaille &
de l'acide vitriolique dans la bouteille, elle fe
rempliroit, ce qu'il faut éviter, parce qu'a-
lors l'acide monteroit lui-même en entraînant
de la limaille ; il fera néceffaire, lorfqu'on
aura befoin d'une grande quantité d'air, de
fe procurer deux bouteilles en plomb, parce
que l'on aura la facilité par-là de les fubftituer
l'une à l'autre, & de nettoyer la première
pendant que la feconde fournira de l'air. L'on
aura attention, lorfqu'on changera ainfi de
bouteille, de fermer le robinet du Ballon.

Telle eft la méthode que je propofe, en
attendant que les recherches des phyficiens
nous en aient procuré de meilleures.

Quant à la manière de remplir les petits
Ballons en peau de *baudruche*, s'ils n'ont
que 10 à 12 pouces de diamètre, il faut avoir
de l'air inflammable nouveau dans des veffies

de cochon garnies de leurs robinets (1). Un petit tube cylindrique de cuivre viffé fur le robinet, donne la plus grande facilité de remplir ces veffies ; on les vuide d'air atmofphérique en les preffant ; on ferme le robinet, & l'on enfonce l'allonge dans un bouchon de liège, qui bouche un des goulots de la bouteille. L'on jette de la limaille & de l'acide dans la bouteille, on la bouche après avoir ouvert le robinet, & l'air inflammable a bientôt rempli la veffie ; avec deux de ces veffies l'on a la provifion d'air néceffaire pour faire enlever un Ballon d'un pied de diamètre.

Les perfonnes qui ne feroient pas à portée de fe procurer des veffies à robinet, peuvent y fuppléer de la manière fuivante, mais l'air inflammable en eft un peu moins pur, & par conféquent un peu moins léger.

Ayez un petit tube de verre de 4 lignes

(1) Les freres Dumotier, demeurans *au fond de la cour de Saint-Jean de Latran* , ont toujours des veffies garnies de robinets, avec lefquelles on peut faire plufieurs expériences agréables, en fe fervant d'air inflammable. Ils font auffi affortis en machines de phyfique, & font très-accommodans pour les prix.

de diamètre environ , fur trois pieds de longueur. Ajuſtez à une des extrêmités un bouchon de liège percé , dans lequel le tube en-
trera juſqu'au bord , où il fera fcellé avec du
maſtic ou de la cire ; il faut que ce bouchon
armé du tube , puiſſe s'adapter dans l'ouverture d'une bouteille noire ordinaire , ou plus
grande encore fi la capacité du Ballon l'exige.

Ayez un fecond petit bouchon percé , avec
lequel vous fermerez l'autre extrêmité du
tube , & c'eſt fur ce bouchon que vous ferez
entrer le bout de plume adhérent au Ballon
en peau de baudruche.

Jettez deux ou trois onces de limaille de
fer dans la bouteille , verſez-y de l'acide vitriolique affoibli par quatre parties d'eau, bou-
chez avec le bouchon qui tient au tube , pla-
cez le bout de plume adhérent au Ballon ,
dans le petit trou du bouchon fupérieur , &
l'air inflammable qui fe dégagera de la bouteille , remplira très-promptement le Ballon.
On liera avec un peu de foie le Ballon au-deſ-
fus de la plume , ou même on laiſſera la plume
dont on bouchera l'ouverture avec un très-
petit bouchon qu'on aura préparé auparavant

_E iij

pour cet objet , & le Ballon partira en entraînant la plume & le bouchon qui lui ferviront
de left.

Mais fi l'on vouloit remplir , par exemple ,
un Ballon plus confidérable en peau de baudruche , c'eft-à-dire , qui eût de 20 à 25 pouces de diamètre , au lieu de fe fervir de bouteille , l'on adapteroit un tube de verre &
un bouchon plus gros , fur une petite bari-
que en bois , dont le difque fupérieur feroit
percé de deux ouvertures ; l'une pour recevoir le tube ; la feconde , pour introduire la
limaille & l'acide , & l'on fermeroit cette dernière , lorfque l'air fe dégageroit.

Du gaz que développe M. de Montgolfier ,
pour remplir & enlever la Machine aérof-
tatique.

Le nom de *gaz* ne devroit être donné qu'à
une émanation aériforme quelconque , douée
d'un caractère propre & fpécifique , & qu'on
peut produire fans le concours & abftraction
faite de l'air atmofphérique , foit par des
procédés chimiques , foit par des moyens
que la nature met en ufage , & dont la plupart nous font encore inconnus.

D'après cela, je ne ferai pas éloigné de penfer que le nom de *ga{* ne convient peut-être pas ftriétement aux différentes vapeurs combinées, qui compofent l'air qui fert à remplir & à enlever les Machines aéroftatiques de MM. de Montgolfier.

Il eft vrai que, dans cette opération, on brûle des matières animales, qui produifent du véritable *ga{ alkalin*, & que la paille allumée laiffe échapper du phlogiftique, & des fubftances huileufes réduites en vapeur, qui peuvent occafionner diverfes modifications dans l'air atmofphérique ; ce dernier lui-même traverfant la flamme, y éprouve quelque changement ; & comme il réfulte de tous ces mélanges un mixte aériforme particulier plus léger que l'air commun, je ne vois pas qu'il y eût d'inconvénient de lui donner le nom de *ga{ de MM. de Montgolfier*, en mémoire de leur belle découverte.

La connoiffance exaéte de ce gaz n'eft certainement pas une chofe facile, d'abord parce qu'elle tient à une foule de circonftances acceffoires ; en fecond lieu, parce que les expériences qu'on a faites jufqu'à pré-

fent ayant été peu nombreufes, & exigeant
des manœuvres promptes, il n'a pas encore
été poffible de recueillir des provifions de
cet air, prifes à différentes hauteurs dans la
Machine, ce qui n'étoit pas aifé, foit à caufe
de fa grande élévation, foit parce que l'on
a dû être naturellement plus occupé d'abord
du fuccès des expériences que des recherches fur les qualités du gaz. Il faut donc attendre que des circonftances plus favorables
nous mettent dans le cas de pouvoir l'examiner, & en faire les effais convenables avec
l'eudiomètre, & par les procédés chimiques
que nous connoiffons.

Je me contenterai donc, en attendant,
de rapporter ici quelques faits que j'ai re-
cueillis avec le plus de foin qu'il m'a été
poffible, & qui pourront fervir à ceux qui
feront à portée de fuivre des expériences
femblables.

I. Obfervation. Il eft très-important,
lorfqu'on développe le gaz, d'éparpiller la
paille de manière qu'elle s'enflamme très-
promptement, & fans produire de fumée,
toute l'attention de ceux qui dirigent le feu,

doit fe porter fur cet objet ; un feu vif &
brillant , un feu de flamme eft ce qui convient le mieux.

II. Il faut , de diftance en diftance , jeter
fúr la flamme , & par petites poïgnées , de la
laine hachée , la plus mince eft la meilleure ,
elle s'allume mieux & jete moins de fumée.

III. Lorfque les perfonnes chargées de
conduire le feu , ont l'habitude de ne pas
trop jeter de paille à la fois , & de l'employer à propos pour avoir une flamme conf-
tante , une Machine de 70 pieds de hauteur
fur 46 de diamètre , peut être entièrement
remplie en cinq minutes , ce qui paroît
étonnant (1).

IV. Dès que la Machine commence à fe

_____

(1) A mefure que le dôme de la Machine commence à fe remplir , on l'élève doucement , à l'aide
d'une corde & d'une poulie fixée entre les deux
mâts , de 50 à 60 pieds de hauteur , qui doivent
être placés à côté de l'échaffaud ; cette manœuvre
facilite l'entrée de la vapeur dans la machine , &
fert à la contenir jufqu'à ce qu'étant parvenue à la
hauteur des mâts , elle fe dégage elle-même &
quitte fes liens.

gonfler , il fe forme fur-le-champ un courant d'air rapide qui vient de l'extérieur , &
entre dans la Machine , de manière qu'avant
qu'on eût pris les précautions néceffaires , les
toiles difpofées fous l'échaffaud , & autour
du foyer , en manière d'entonnoir cylindrique , étoient agitées avec une violence extrême, & venoient fe joindre contre le foyer :
on a donc été obligé de les arrêter par le
moyen de poteaux difpofés autour du réchaud,
fur lefquels les toiles ont été clouées.

Il entre donc une quantité confidérable
d'air atmofphérique dans la Machine.

V. Cet air commun , avant de pénétrer
dans la capacité du Ballon , eft obligé de
traverfer la flamme que produit la paille allumée : il eft probable qu'en s'échauffant, l'eau
qu'il contient & celle qui réfulte de la combuftion de la matière végétale , font réduites en vapeur.

VI. Cette eau forme alors un fluide élaftique plus rare & plus léger que l'air même ,
& cette vapeur diffère de tous les fluides
aériformes connus, en ce que , comme l'a
très-bien obfervé M. de Sauffure en parlant

de l'eau vaporifée , le *feul refroidiffement fuffit pour féparer le feu , & pour faire reparoître fous une forme denfe. &* non *élaftique* , *l'eau qui s'étoit réduite en vapeur.* Éffai d'Hygrométrie , effai III , chap. 1, pag. 186.

VII. Les vapeurs contenues dans l'air atmofphérique , étant parfaitement diffoutes par la chaleur , ne font pas vifibles ; il en eft de même de celles qui font renfermées dans la Machine aéroftatique ; car lorfque la flamme a produit une chaleur égale , non-feulement les vapeurs aqueufes , mais d'autres émanations , telles que les parties huileufes & celles produites par la combuftion , font tellement divifées & diffoutes , que la Machine , quoique pleine & tendue dans tous les points , n'offre qu'un fluide aériforme , tranfparent & homogène en apparence.

VIII. C'eft en cet état que la Machine s'enlève avec force & vîteffe , & qu'elle fe foutient le mieux en l'air. La vapeur eft dans ce cas-là à l'air atmofphérique comme 1 à 2 ; c'eft-à-dire , qu'elle eft une fois plus légère que l'air ordinaire ; ce qui eft d'autant plus avantageux , qu'en conftruifant des Machines d'une grande capacité , l'on peut enlever des poids confidérables.

IX. Lorfque la Machine aéroftatique eft en expérience pendant quelque tems , il fe forme dans l'intérieur une fuie fine & légère, qui eft à peine adhérente à la toile , & qui s'en détache au moindre mouvement.

X. Lorfqu'on a voulu effayer de bruler du bois de farment, qui forme un feu vif & clair , la Machine s'eft très-bien tendue , mais le courant d'air tranfportoit avec rapidité des charbons encore enflammés , jufques dans des parties très - élevées , ce qui pouvoit être dangereux pour l'enveloppe, d'autant plus que les charbons étoient encore très-animés à cette hauteur , ce qui annonce que l'air n'é- toit ni méphitique , ni détérioré. Quoique le feu de farment foit très-bon , celui de paille ne faifant aucun charbon , il faut lui donner la préférence jufqu'à ce qu'on ait trouvé des moyens de mieux contenir le premier.

XI. Il paroît que l'air alkalin entre pour quelque chofe dans la légéreté du gaz; mais

comme la Machine s'élève (un peu moins
bien à la vérité) lorfqu'on brûle fimplement
de la paille, il s'enfuit que l'air échauffé, que
l'air dilaté, & que les molécules aqueufes
qui s'y trouvent naturellement, ou qui s'y
font portées par la décompofition de la paille,
étant réduites en vapeur, jouent le plus grand
rôle par leur légéreté dans l'afcenfion de la
Machine ; cependant, comme je n'ai que des
préfomptions, & point de certitude encore
fur cette dernière opinion, je ne l'avance
que comme une fimple conjecture ; car, quoique la phyfique des gaz ait fait un grand pas,
il eft à croire qu'il nous refte encore bien des
chofes à connoître à ce fujet.

Je pourrois donner ici un exemple qui n'eft
peut-être pas étranger à l'objet que je traite,
quoiqu'il femble s'en éloigner au premier afpect ; c'eft celui de l'air agiffant comme diffolvant de l'eau : le fluide aérien en eft fi
avide, qu'il en retient conftamment avec lui
des parties dont il ne fe dépouille jamais entièrement. L'hygromètre comparable dont M.
de Sauffure vient d'enrichir la phyfique, nous
a donné de grandes lumières fur l'état de

l'air ; & l'ouvrage que ce favant diftingué vient de publier à ce fujet , nous met fur la voie des plus précieufes découvertes. Le ré-fumé général qui termine le chapitre VIII des *Effais fur l'Hygrométrie* , forme un expofé fuccinct fi clair & fi méthodique , que j'ef-père qu'on me faura quelque gré de le rappor-ter ici :

« L'évaporation proprement dite, eft le » réfultat ou plutôt l'effet de l'union intime » du feu élémentaire avec l'eau. Par cette » union, l'eau & le feu réunis fe changent » en un fluide élaftique plus rare que l'air, » & qui mérite éminemment le nom de *va-* » *peur*.

» Cette vapeur, lorfqu'elle fe forme dans » le vuide, ou que fon abondance & fa » chaleur foutenue lui donnent la force d'ex-» pulfer l'air qui la comprime, fe nomme » *vapeur élaftique pure*.

» Mais lorfque cette même vapeur ne peut » pas furmonter entièrement la force com-» preffive de l'air, elle le pénètre, fe mêle » avec lui, fubit une vraie diffolution, & » prend le nom de *vapeur élaftique diffoute*.

» Lorfqu'enfuite l'air faturé laiffe précipiter
» l'eau qu'il contient ; cette eau prend quel-
» quefois la forme de véficules, ou de petites
» bulles : ces véficules remplies & envelop-
» pées d'un fluide rare & léger, fe foutien-
» nent dans l'air, & s'élèvent même quel-
» quefois par une légéreté fpécifique plus
» grande que la fienne. Ce font donc des
» corps étrangers à l'air, & d'une nature ab-
» folument différente du fluide élaftique au-
» quel nous venons de donner le nom de *va-*
» *peur.* Cependant, pour me conformer à
» l'ufage, je les ai rangés dans la claffe des
» vapeurs, & je les ai diftingués par le nom
» de *vapeur véficulaire.*

» Enfin, lorfque la vapeur élaftique ou les
» véficules elles - mêmes fe condenfent en
» gouttelettes pleines, qui ne diffèrent des
» gouttes de pluie que par leur extrême pe-
» titeffe, ce font encore des corps bien dif-
» férens de la vapeur proprement dite. Ce-
» pendant comme ces corps flottent dans
» l'air, & peuvent y être foutenus pendant
» quelque tems par fon agitation & fa vifco-
» fité, je les claffe auffi parmi les vapeurs,

» & je leur donne le nom de *vapeur con-*
crète ». *Effai d'Hygrométrie, chap. VIII,*
pag. 257.

Ce tableau du différent état des vapeurs
eft très-exact , & préfente un fait remarquable en phyfique , celui des vapeurs véficulaires, qu'on peut regarder , fi je puis m'exprimer ainfi , comme autant de petits Ballons
aéroftatiques, qui , à l'aide de certaines circonftances, s'élèvent , flottent & voyagent
les uns à côté des autres , fans s'unir , fans
fe confondre , pour former , dans les hautes
régions atmofphériques , des nuages qu'on
peut regarder fouvent comme des rivières entières fufpendues fur nos têtes ; & fi MM. de
Montgolfier , avec une fimple Machine de 70
pieds de hauteur fur environ 46 de diamètre,
nous ont fait voir qu'on pouvoit enlever des
poids confidérables , jugeons par-là de la
force d'un nuage de trois à quatre cens pieds
de diamètre , fur cinq ou fix cens de hauteur , fi l'on trouvoit jamais l'art de le réunir & de l'enfermer dans une enveloppe en
état de le contenir , & qui ne porteroit au-
çune atteinte à la difpofition & à la qualité

des

des vapeurs véficulaires ; c'eft-à-dire , qui ne
les condenferoit pas & ne les feroit pas réfoudre en eau.

Je penfe qu'il faut établir une grande
distinction entre les vapeurs que nous formons
par l'art à l'aide du feu , & celles que la
nature produit d'une manière fpontanée ,
avec peu de chaleur.

Il nous faut un violent degré de feu pour
extraire l'eau des fubftances végétales ou
animales , & la réduire en vapeur , ainfi que
l'eau commune , & les autres fluides que nous
connoiffons , & ces vapeurs font prefqu'auffi-
tôt condenfées qu'élevées ; tandis au contraire
que la nature , non - feulement produit les
vapeurs véficulaires , fans beaucoup de chaleur , mais les porte à de très-grandes hauteurs , où le froid ne les condenfe que d'une
manière à les rendre vifibles , & non à les
réfoudre , puifqu'elles fe foutiennent dans
l'hiver comme dans l'été , à une hauteur qui
excède quelquefois trois mille toifes , de
manière qu'il paroît que lorfqu'elles fe réunif-
fent pour fe réfoudre en pluie , c'eft à une
caufe qui femble ne tenir effentiellement ,

F

ni au froid, ni à la chaleur ; mais à un phénomène d'un genre différent.

Si le feu électrique est probablement l'agent qui tient les vapeurs véficulaires dans l'état qui les conftitue telles, la déperdition de ce feu fubtil doit les obliger de fe réunir ; de-là la réduction de ces vapeurs en pluie.

Il feroit bien intéreffant fans doute de trouver un procédé qui nous mît fur la voie de reconnoître l'efpèce de fluide aériforme renfermé dans chaque bulle de vapeur. Eft-ce un air que l'eau a faifi & enveloppé lorfqu'elle a pris la forme fphérique ? ou bien cet air doit-il fon origine à une modification particulière du fluide aqueux ? Cette efpèce de tranfmutation de l'eau en air, qui fait depuis quelque tems l'objet des recherches du docteur Prieftley, doit paroître moins furprenante depuis qu'on fait que deux portions d'air inflammable, unies à une mefure d'air déphlogiftiqué, produifent, en les allumant avec une étincelle électrique, un poids d'eau égal à celui des deux airs ; expérience auffi curieufe qu'importante, tentée d'abord en Angleterre, & démontrée depuis peu en France,

Il feroit digne d'un homme de génie, doué du goût & de l'art des expériences, d'en tenter une en grand, analogue à celle de la formation & de l'afcenfion des nuages ; l'on pourroit conftruire pour cet objet une Machine aéroftatique, dont l'enveloppe en foie ou en toute autre matière, feroit enduite d'un vernis réfineux propre à conferver l'électricité des corps qui y feroient renfermés. Cette Machine feroit retenue fur la partie de l'échafaud deftiné à développer les vapeurs, par des cordons de foie qui ferviroient à l'ifoler ; elle feroit remplie à la manière de M. de Montgolfier ; c'eft - à - dire, au moyen d'un feu vif & clair ; mais l'on auroit attention de placer fur le réchaud un grand éolipile plein d'eau, que le feu réduiroit bientôt en vapeur, & que la flamme porteroit dans toute la capacité du Ballon ; l'on électriferoit fur-le-champ, à l'aide d'une bonne machine, & d'un conducteur difpofé pour cet objet, cette maffe de vapeur en activité ; & après avoir armé l'enveloppe extérieure de quelques pointes propres à attirer l'électricité atmofphérique, on lâcheroit la Machine dans

l'air , en la retenant avec de longs cordons
de foie , pour être à portée par-là d'étudier
les réfultats qu'elle préfenteroit ; ou on l'a-
bandonneroit à elle-même , pour favoir combien de tems & à quelle hauteur elle fe foutiendroit dans l'atmofphère , & ce qu'elle
y deviendroit en cet état.

L'on pourroit varier ces expériences de
bien des manières ; & fi je n'étois pas obligé
d'abréger ce mémoire, qui n'eft déjà peut-être
que trop long , je propoferois d'autres effais ;
car l'habitude de voir la Machine aéroftatique , & de l'étudier toutes les fois qu'on en a
fait ufage , m'a fait naître quelques idées nouvelles , & des projets d'expérience , dont
l'exécution ne me paroît point impoffible.

Enfin , pour en revenir au gaz de M. de
Montgolfier , il refte encore une multitude de
recherches à faire à ce fujet , & l'auteur en
convient lui-même. La découverte eft fi
nouvelle , qu'on s'eft plutôt occupé à faire de
grandes & belles expériences avec un moyen
facile , & qu'on avoit pour ainfi dire fous la
main, fans frais, qu'à chercher à perfectionner
le gaz , ou à donner la préférence à d'autres

qui préfentoient de très-grandes difficultés :
mais actuellement qu'on eft venu à bout d'enlever des poids confidérables par ce premier
moyen , c'eft le moment de s'occuper à faire
des recherches pour trouver des procédés
plus commodes encore s'il eft poffible.

Le champ n'eft point auffi borné qu'on
pourroit le croire ; car l'on peut varier les
effais, non-feulement avec diverfes efpèces de
bois , mais avec du charbon végétal , en le
privant de fon gaz méphitique dans l'inftant
même où il brûleroit , ou avec du charbon
foffile ; les réfines , & d'autres corps combuftibles , qu'on tenteroit de mélanger avec des
fubftances falines , fourniroient peut-être des
moyens heureux qui fimplifieroient les opérations. Enfin il refteroit à imaginer des four-
neaux , des efpèces de cheminées , ou même
des poëles plus avantageux & plus économiques pour l'entretien des Machines aéroftatiques , que le réchaud dont on a fait ufage ;
& la chimie eft fi avancée dans ce moment ,
qu'il faut efpérer qu'elle nous fournira des
moyens pour perfectionner une découverte
qui fera à jamais époque dans les fciences.

DU CAOUTCHOUC,

Connu fous le nom de gomme élaftique ; &
de la manière de diffoudre cette fubftance.

LA gomme élaftique fe trouve dans la
province des Eméraudes au Pérou , & .dé-
coule d'un arbre nommé par les naturels du
pays *hhévé*, qui jette par des incifions qu'on
y fait , un fuc laiteux qui s'épaiffit en l'expo-
fant au foleil ou à la fumée , & prend la
confiftance la plus forte ; on en fait dans le
pays des flambeaux d'un pouce de diamètre
fur deux pieds de longueur , qu'on enveloppe
d'une feuille de bananier pour contenir la matière lorfqu'elle eft enflammée ; & comme
cette fubftance gommo-réfineufe s'allume avec
facilité , ces flambeaux brûlent fans méche.

L'arbre qui produit la gomme élaftique ,
croît auffi fur les bords de la rivière des *Ama-*
zones chez les *Omagnas*, & dans les environs
de *Para* dans les miffions efpagnoles.

M. Frefnau, chevalier de l'ordre royal &

militaire de S. Louis, & ingénieur à Cayenne, découvrit dans cette colonie, après de grandes recherches & beaucoup de peine, l'arbre qui produit la gomme élaftique.

Voici la defcription qu'il en donne lui-même dans un mémoire qu'il adreffa à M. de la Condamine en 1751.

« L'arbre feringue, ainfi nommé par les
» Portugais du *Para*, *hhévé* par les habitans
» de la province *Dèfmeraldaz*, & *caoutchouc*
» chez les *Maïnaz*, eft fort haut, très-droit,
» ayant une petite tête, & fans autres bran-
» ches dans toute fa longueur. Les plus gros
» dans la *Guiana* n'ont guère que deux pieds
» de diamètre, & toutes leurs racines font en
» terre. Son tronc eft plus gros vers la bafe,
» & écailleux à-peu-près comme une pomme
» de pin. La feuille reffemble affez à celle du
» manifte, c'eft-à-dire qu'elle eft compofée
» de plufieurs feuilles de grandeur inégale,
» portées fur la même queue, tantôt au nom-
» bre de cinq, tantôt de quatre, & plus
» ordinairement de trois. Les plus grandes
» feuilles qui occupent le centre, ont environ
» trois pouces de longueur, & trois quarts

» de pouce de largeur ; elles font d'un vert
» clair en deffus , & plus pâles en deffous.

» Le fruit de cet arbre eft une coque trian-
» gulaire , femblable par fa figure au fruit du
» *ricin* ou *palma chrifti* , mais il eft beau-
» coup plus gros. La fubftance de la coque
» eft épaiffe & ligneufe ; cette coque a trois
» tiges , qui renferment chacune une feule
» femence ovale & de couleur brune , où fe
» trouve une amande ».

M. Frefnau ne s'étoit pas contenté de faire
des recherches fur l'arbre qui produit la
gomme élaftique , mais il s'étoit appliqué à
des travaux chimiques fur cette matière ; il
avoit trouvé avant 1751 , l'art de la diffoudre
dans l'huile de noix , en la tenant fimplement
en digeftion fur les cendres chaudes ou fur
un bain de fable , ainfi qu'on peut le voir
dans les Mémoires de l'académie royale des
fciences.

M. Berniard , chimifte laborieux & exact ,
a fait auffi de nombreufes expériences fur la
gomme élaftique ; il a publié dans le tome
XVII du Journal de Phyfique , Avril 1781 ,
pag. 265 , un mémoire très-intéreffant , dans

lequel on trouve plufieurs manières de diffoudre la gomme élaftique ; l'on y apprend
que les huiles effentielles de lavande , d'afpic
& de térébenthine, expofées à la chaleur d'un
bain de fable , & mêlées avec de la gomme
élaftique , coupée en petits morceaux , ainfi
que les huiles tirées par expreffion , telles
que l'huile de noix , celles d'olive , de lin , de
pavot , &c. diffolvent la gomme élaftique ;
mais l'efpèce de vernis qu'elles forment dans
cette circonftance , eft très-difficile & très-
long-tems à fécher (1).

M. Berniard , au refte, ne faifoit pas toutes
ces recherches dans l'intention de fe procurer
des vernis à la gomme élaftique ; fon but
principal étoit de diffoudre cette fubftance ,
en lui confervant toute fon élafticité , afin de
pouvoir lui donner des formes utiles & favorables aux arts , & c'eft à quoi il avoue qu'il
n'a pu parvenir ; de forte qu'on peut regarder
les diffolutions qu'il a obtenues , plutôt comme la matière de la gomme élaftique réduite

_____

(1) D'après des faits auffi pofitifs , je crois que
MM. Robert ont eu tort d'avancer dans le Journal
de Paris , qu'ils avoient trouvé l'art de diffoudre
la gomme élaftique.

en une efpèce de mucilage, que comme une véritable diffolution, femblable à celle que fourniffent les corps véritablement réfineux, lorfqu'on les met en digeftion dans les efprits ardens.

Je ne confeillerois donc guère l'ufage de la gomme élaftique pour les Machines aéroftatiques, même en la diffolvant beaucoup mieux que ne l'ont fait MM. Robert; car un grand nombre de perfonnes poffédent à Paris des échantillons du Ballon du Champ de Mars, qui ne font nullement fecs encore & qui fe collent étroitement les uns contre les autres, quoiqu'il y ait plus de deux mois qu'ils foient vernis; ils font d'ailleurs pleins de grumeaux, & une chaleur un peu forte fait fondre la gomme élaftique qu'on y a employée.

Il vaut donc beaucoup mieux fe fervir du vernis à la *copale* ou au *fuccin*, & l'on en trouve de très-bien préparé chez M. Watin, *près de la porte Saint-Martin*. Ces vernis fè-chent au bout de deux ou trois jours, ils donnent au taffetas du brillant, de la foupleffe, & ils font imperméables à l'air. M. Meignier, ingénieur en inftrumens de mathématique, dont la probité égale les talens, & à qui l'on

peut s'en rapporter en toute affurance pour
conftruire des Ballons aéroftatiques en taffetas
ou en toile , en a fait plufieurs , & entr'autres , un pour M. le duc de Crillon , en taffetas verni à la gomme *copale* , qui a eu le
plus heureux fuccès , puifqu'il eft refté en l'air
12 heures , tandis que celui du Champ de
Mars ne s'y foutint que quarante-cinq minutes.

Cependant comme il peut arriver des cas
à l'avenir où la gomme élaftique feroit utile,
je vais donner ici un procédé pour la diffoudre.

Prenez une livre d'efprit de térébenthine ,
une livre de gomme élaftique , coupée en très-
petits morceaux avec des cifeaux ; verfez
l'efprit de térébenthine dans un matras à long
col , que vous placerez fur un bain de fable
chaud , jettez la gomme élaftique , non à la
fois , mais par pincées à mefure que vous ap-
percevrez qu'elle fe diffout. Lorfqu'elle fera
fondue , verfez dans le matras une livre
d'huile de noix , ou de lin , ou de pavot ren-
due defficcative à la manière accoutumée ,
c'eft-à-dire avec de la litharge ; vous laiffe-
rez bouillir le tout pendant un quart-d'heure ,
& la préparation fera faite.

LETTRE

A M. FAUJAS DE SAINT-FOND.

J'APPRENS, Monfieur, que vous êtes fur le point de donner au Public, qui l'attend avec impatience, un Précis hiftorique de la première expérience aéroftatique faite par MM. de Montgolfier à Annonay, de celle qui a été répétée à Verfailles par un des deux frè-res, & de celle qui fut faite le 27 août dernier au Champ de Mars.

Les liaifons que vous avez avec M. de Montgolfier, vous mettent fans doute plus à portée qu'un autre de rendre un compte exaɛt de la belle & fublime expérience que les deux frères ont imaginée & exécutée les premiers à Annonay.

Ces mêmes liaifons & l'attention extrême que vous avez donnée à celle de Verfailles, jointes aux foins que vous avez pris pour en recueillir de la bouche des témoins oculaires tous les détails que vous n'avez pas pu voir

par vous - même , doivent rendre le précis
que vous vous proposez d'en donner ,
également exact & instructif , & quant à l'expérience faite au Champ de Mars le 27 août
dernier , vous en êtes certainement plus inf-
truit que personne , puisque c'est vous qui
le premier avez songé à répéter l'expérience
d'Annonay, qui avez imaginé la matière dont
le Ballon devoit être fait , enduit & rempli ,
qui pour obtenir les fonds néceffaires à la
construction de cette Machine , avez formé
& animé une foufcription nationale , & puifque c'est vous enfin que cette foufcription
a nommé fon chef, & à qui elle a donné fon
plein pouvoir pour diriger cette célèbre expérience.

Vous avez fait plus , Monfieur ; animé du
défir d'immortalifer le nom des auteurs de
cette grande découverte , vous avez ouvert
une nouvelle foufcription pour préfenter à
MM. de Montgolfier une médaille frappée à
leur honneur , & qui fût un monument éter-
nel de leur gloire & de l'admiration de leurs
concitoyens.

Cette nouvelle foufcription vous a , ainfi

que la première, choifi pour chef du comité qui devoit déterminer le deffin de la
médaille.

C'eft en cette qualité que vous avez bien
voulu adopter l'infcription que je vous ai
propofée pour cette médaille; & c'eft auffi,
comme au chef de cette foufcription, que
j'ai l'honneur de vous adreffer cette lettre,
dans laquelle je me propofe de répondre
aux principales objeaions que j'ai entendu
faire contre cette infcription.

Ce n'eft point feulement pour défendre la
propriété de l'expreffion de cette exergue, à
laquelle j'attache, comme vous le jugez bien,
très-peu d'importance, que je vais m'occuper ici avec vous de cet objet; mais outre
que je fuis trop flatté de votre fuffrage pour
ne pas chercher à juftifier votre choix, c'eft
principalement pour faire fentir autant que je
le pourrai, la beauté & l'importance de la découverte à laquelle cette exergue fait allufion, que je vais difcuter les objeaions
dont il s'agit. Vous me permettrez s'il
vous plaît d'entrer en matière fans autre
introduaion.

Exergue de la Médaille.

A ETIENNE ET JOSEPH DE MONTGOLFIER ,
POUR AVOIR RENDU L'AIR NAVIGABLE.

Des objections qu'on a faites contre cette
exergue , la première me femble être pu-
rement grammaticale & ne mérite pas , à ce
titre , un fort long examen.

La feconde attaque le fond de la penfée ,
& tendroit, fi elle étoit fondée , à diminuer la
beauté de la découverte de MM. de Montgolfier ; je crois donc par cette raifon devoir
m'en occuper plus férieufement & la difcuter
avec toute l'étendue qu'elle exige.

La première objection fe réduit à dire qu'on
vole dans l'air , qu'on nage dans l'eau & qu'on
navige fur la furface de ce dernier élément;
que l'idée de navigation emporte celle d'un
corps folide foutenu fur la furface d'un fluide;
que l'expreffion de *navigable* ne peut donc
être appliquée à un fluide tel que l'air , fur
la furface duquel aucun corps folide ne peut
être tranfporté : que d'ailleurs ce n'eft point
ici l'air qui a été rendu propre à tranfporter

des corps folides , mais que ce font des corps
folides qui ont été rendus propres à être
tranfportés dans l'air , & que par conféquent
l'expreffion de l'exergue eft inexacte fous ces
deux rapports.

Je réponds , que l'expreffion de *voler* & de
nager , ne me paroît applicable avec quelque
propriété qu'à des animaux vivans ; que pour
qu'un fluide puiffe être appellé navigable, il
importe peu que ce foit à la furface ou dans la
profondeur même de ce fluide , que les corps
folides foient tranfportés , & que fi ce n'eft
pas , à proprement parler, l'air qui a été rendu
capable de tranfporter des corps folides , mais
fi ce font des corps folides qui ont été rendus
propres à être tranfportés dans l'air , l'air n'en
eft pas moins , par cette découverte , devenu
capable d'opérer ce tranfport , & qu'on peut
donc ainfi dire métaphoriquement que cette
découverte l'a rendu navigable. J'ajouterai
que cette métaphore me femble même moins
hardie qu'un grand nombre de celles qui font
d'un ufage familier dans notre langue , &
que fi on fait attention à la difficulté dont
eft le ftyle lapidaire dans nos idiomes moder-
nes ,

nes , il me paroît qu'on peut & qu'on doit
même admettre celle-ci fans fcrupule.

Au refte comme cette objection ne porte
que fur la jufteffe d'une expreffion à laquelle
je prends un intérêt affez léger, je lui laifferai
volontiers toute la force qui peut lui refter,
& je pafferai à l'examen de la feconde objection , qui pénètre davantage dans le fond
de la queftion , & qui à toute forte d'égards,
mérite une difcuffion plus détaillée. C'eft à
l'éclairciffement de cette objection que je vais
donc m'attacher , & que je veux confacrer
le peu de tems qui me refte pour vous écrire.

Les perfonnes qui font cette objection ,
difent que pour qu'un fluide puiffe être
appellé navigable , il ne fuffit pas qu'il puiffe
tranfporter ou plutôt emporter quelques
corps folides ; mais qu'il faut qu'il puiffe tranfporter des hommes , fans qu'ils courent un
danger prefque certain de périr ; que s'il y
avoit quelques mers fur lefquelles , de cent
vaiffeaux qui y navigueroient , il en échappât
à peine un feul , on diroit avec beaucoup
de raifon & de propriété , que ces mers ne
font point navigables , & qu'il paroît par les

G

feules expériences aéroftatiques qui aient encore été faites, que les hommes qui fe hazar-
deront à naviguer dans l'air avec ces Machines, 'y courroient au moins autant de
rifques que ceux qui navigueroient fur les
mers dont nous parlons.

On obferve que la Machine aéroftatique
d'Annonay, après s'être élevée à une affez
grande hauteur, n'y eft reftée que très-peu
de tems, & eft bientôt retombée par fon
propre poids, parçe qu'elle n'a pas pu conferver le gaz qu'elle contenoit en affez grande
quantité pour la foutenir. On remarque que
celle de Verfailles, après s'être élevée à une
moindre hauteur que celle d'Annonay, a eu
précifément le même fort, & que le Ballon
du Champ de Mars après être monté à une
hauteur inconnue, & avoir parcouru un efpace de dix mille toifes, a été déchiré dans
l'air par la rupture d'équilibre entre le reffort
du gaz qu'il renfermoit & celui de l'air qui
l'environnoit, de façon que ces expériences femblent bien plus faites pour effrayer
fur les dangers que courroient ceux qui ofe-
roient fe hazarder à voyager avec de fem-

blables Machines , qu'elles ne font propres à
encourager à en faire ufage.

On obferve de plus que de ces Machines
fi fragiles & qui n'ont pu fe foutenir dans l'air
que fi peu de tems , il n'y avoit que celle de
Verfailles qui fût chargée de quelque poids ,
& qu'il eft très-vraifemblable que les autres
auroient encore été bien plutôt endomma-
gées, & fe feroient foutenues bien moins
long-tems , fi on leur eût donné à porter les
poids qu'elles devoient élever.

On ajoute enfin que quand on pourroit
faire ces Machines d'un tiffu affez ferré pour
ne point laiffer échapper le gaz qu'elles con-
tiennent, & affez folide pour réfifter à l'effort
du poids dont on les chargeroit, ou à celui
qu'elles pourroient éprouver par la rupture
d'équilibre entre le reffort du gaz qu'elles renferment & celui de l'air dont elles font en-
vironnées ; encore faudroit-il avoir le moyen
de les diriger à volonté , pour qu'elles puffent
être d'aucun ufage & fervir d'inftrument à une
navigation proprement dite , & on finit par
remarquer que puifque les moyens de diriger
ces Machines font inconnus , & que MM. de

Montgolfier n'en ont donné aucun , l'exergue
qui leur attribue la gloire d'avoir rendu l'air
navigable , paroît plutôt reſſembler à une pro-
phétie ou même à une fanfaronade , qu'être
l'expreſſion juſte & modeſte de la découverte
de ces Meſſieurs.

Cette objection raſſemble bien des difficultés & mérite d'autant plus d'être diſcutée
dans toutes ſes parties , qu'elle paroît atta-
quer à la fois & ma ſincérité , & la gloire de
MM. de Montgolfier.

Je déclare d'abord que loin d'avoir prétendu
exagérer dans cette exergue l'importance
de la découverte de MM. de Montgolfier ,
je me reproche au contraire de n'avoir pu
en faire aſſez ſentir le mérite ; que je ſuis in-
timément perſuadé que l'invention des Machines aéroſtatiques renferme manifeſtement
celle du moyen qui rend poſſible la navigation
dans l'air , & que la poſſibilité de cette navigation m'a paru être une conſéquence ſimple ,
directe & immédiate de cette découverte.

Je déclare de plus , que quoique MM. de
Montgolfier n'aient fait part au Public d'aucun
moyen de conduire à volonté les Machines

aéroſtatiques dans l'air , je n'en ſuis pas moins perſuadé qu'ils en connoiſſent de très-bons.

J'ai entendu dire à M. de Montgolfier , qui eſt actuellement à Paris , qu'il ſavoit des moyens de diriger en tous ſens ces Machines , & je le connois pour trop honnête , trop modeſte & trop éclairé , pour avoir le moindre ſoupçon qu'il voulût ſe vanter d'avoir une connoiſſance qu'il n'auroit pas , ou pour craindre qu'il ait pu ſe tromper ſur une matière qu'il doit avoir autant méditée.

Cependant comme MM. de Montgolfier n'ont point encore en effet communiqué au Public leur manière de ſe rendre maître des mouvemens des Machines aéroſtatiques dans l'air , & qu'il s'agit ici de juſtifier mon exergue & ſur-tout ma ſincérité, j'indiquerai les moyens qui ſe ſont préſentés à mon eſprit pour diriger ces Machines , après que j'aurai tâché de répondre aux difficultés qu'on propoſe, relativement à leur peu de ſolidité & d'imperméabilité , & j'attendrai avec grande curioſité que M. de Montgolfier ait enſeigné les moyens qu'il a pour conduire ces Globes , bien perſuadé qu'ils ſeront meilleurs & préférables à tous ceux que j'ai pu imaginer. Revenons s'il vous plaît aux autres parties de l'objection.

Il paroît injufte de décider qu'aucune Machine aéroftatique ne peut fe foutenir longtems dans l'air , d'après trois premières expériences , dont deux n'étoient évidemment point faites dans le deffein de les en rendre capables. MM. de Montgolfier n'avoient pour objet , dans l'expérience d'Annonay , que de montrer qu'un corps d'un poids confidérable pouvoit s'élever de lui-même dans l'air & y demeurer même quelque tems ; & la matière dont ils avoient fait leur machine , ainfi que le peu de foin qu'ils avoient pris de la rendre propre à conferver le gaz dont elle étoit remplie , prouvent fans réplique qu'ils n'avoient point eu pour but de la rendre propre à refter long-tems fufpendue dans l'air , & qu'ils ne pouvoient avoir aucune efpérance à cet égard.

La Machine aéroftatique de Verfailles étoit faite à la vérité, d'une matière plus folide que celle d'Annonay , & fes parties en étoient réunies avec plus de foin ; mais il n'en eft pas moins vrai que M. de Montgolfier n'a-

voit point prétendu qu'elle dût se soutenir
long-tems dans l'air, & d'ailleurs la précipitation extrême avec laquelle on fut obligé
de la faire, avoit été cause qu'il y étoit resté
dans le haut quelques défauts, qui en ont
occasionné la rupture.

Cette admirable expérience n'en prouve
pas moins deux choses également importan-
tes : elle démontre d'abord, que ces Machines peuvent non-seulement s'élever d'elles - mêmes, mais qu'elles peuvent encore
enlever avec facilité les poids dont on les
charge, pourvu que ces fardeaux soient dans
une proportion convenable avec le volume
& le poids de la Machine ; cette expérience
sert encore à prouver, que, dans le cas
où il arriveroit quelqu'accident à ces Machines, elles retomberoient assez lentement,
pour que les hommes qui seroient transportés par elles, ne courussent aucun risque
d'être blessés, & le bon état dans lequel
on a trouvé le mouton, qui étoit suspendu
à cette Machine, ainsi que la tranquillité
avec laquelle il broutoit le foin qui étoit
dans sa cage, sont des signes certains qu'il

n'avoit éprouvé aucune fecouffe ni aucune incommodité, foit en s'élevant, foit en retombant.

La Machine aéroftatique du Champ de Mars étoit faite pour s'élever plus haut & pour fe foutenir en l'air bien plus long-tems que les deux dont nous venons de parler. Pour éprouver le taffetas dont ce Globe étoit compofé, on en avoit fortement attaché un morceau fur un récipient découvert, on avoit fait le vuide jufqu'à ce que l'éprouvette fût defcendue au-deffous d'un pouce; on avoit répété cette épreuve un grand nombre de fois, fans que ce morceau de taffetas parût fatigué, & on s'étoit ainfi affuré que cette étoffe étoit d'une force confidérable & qu'elle étoit abfolument imperméable à l'air. Il ne manquoit, pour avoir en petit une Machine auffi parfaite qu'on pût la défirer, que de fe moins preffer de jouir de cette expérience, & de donner à l'enduit tout le tems néceffaire pour fécher.

Telle qu'étoit cette Machine, elle perdoit peu de l'air inflammable dont elle étoit remplie, & fi l'on eût exécuté les ordres que

vous aviez donnés , & que vous étiez en droit
de donner comme chef & fyndic des fouf-
cripteurs , le Ballon fe feroit foutenu bien
plus long-tems , & l'expérience eût été bien
plus inftructive qu'elle n'a pu l'être.

Vous aviez prévu , & tous les phyficiens
étoient en cela d'accord avec vous , que fi on
rempliffoit entièrement le Ballon , une fphère
d'un auffi grand diamètre ne pourroit réfifter
à l'expanfion de l'air inflammable qu'elle renfermoit, quand le reffort de ce gaz ne feroit
plus contre-balancé par un air affez denfe pour
lui oppofer une force égale à la fienne. Ce
Ballon étant en effet d'une légèreté beaucoup
plus grande qu'un volume d'air correfpondant
au fien , a dû monter à une hauteur , où l'air ,
à caufe de fa grande expanfion , n'a pu s'oppofer au reffort du gaz qu'il renfermoit , &
où la force de l'étoffe n'a pu réfifter à fon
effort ; au lieu que s'il eût été moins rempli ,
il feroit d'une part monté beaucoup moins
haut, & d'un autre côté le gaz ayant de l'efpace pour s'étendre , n'auroit pu employer fa
force à déchirer le Ballon. Il paroît hors de
doute que c'eft long-tems avant que le Bal-.

lon ait pu atteindre jufqu'à fon point d'équilibre, que s'eft faite la rupture qui a occafionné
fa chûte, & qui a privé le Public des connoiffances que le fuccès de cette expérience
eût pu lui procurer.

Si l'expérience eût auffi bien réuffi qu'elle
l'auroit dû, on auroit pu efpérer de favoir à
quelle hauteur le Ballon feroit monté, quel
auroit été le tems qu'il auroit employé à s'é-
lever & à fe fixer à fon point d'équilibre, le
tems qu'il auroit pu fe foutenir avant d'avoir
perdu affez d'air inflammable pour devenir
plus lourd qu'un volume d'air atmofphérique
égal au fien, le chemin qu'il auroit fait pendant cet efpace de tems, les vents qui auroient
régné dans ces régions fupérieures, &c.

C'eft pour obtenir ces réfultats fi intéreffans, que vous aviez ordonné le matin en ma
préfence, de ne pas remplir le Ballon plus
qu'il ne l'étoit alors ; mais l'opiniâtreté & la
charlatanerie des gens qui s'étoient emparés
de la Machine, fe font refufées à vos vues.
N'ayant eu d'autre mérite que celui d'avoir
coupé & enduit le Ballon, ils ont abfolument
voulu montrer au Public qu'ils favoient faire

une boule bien ronde , & ont tout facrifié à
une gloire auffi frivole.

Quoi qu'il en foit , il eft facile d'empêcher
les Ballons qu'on voudroit ainfi abandonner ,
de fe déchirer , quelque légers qu'ils fuffent
& à quelque hauteur qu'ils puffent monter , &
le moyen que vous vouliez employer, qui con-
fiftoit à ne pas remplir entièrement le Ballon ,
eft fimple & fuffifant.

Si on vouloit au contraire remplir exactement ces Ballons , on pourroit y ajufter une
foupape à reffort , par laquelle s'échapperoit
néceffairement le gaz qu'ils renfermeroient ,
quand il viendroit à fe dilater au point de
vaincre la réfiftance du reffort de la foupape ;
mais il faudroit, en ce cas, que cette réfiftance
fût moindre que celle de l'étoffe dont les
Ballons feroient compofés. Il eft évident que
par ce moyen le gaz renfermé dans ce Ballon ne pourroit le déchirer , puifqu'il trouveroit une moindre réfiftance dans le reffort
de la foupape qu'il n'en éprouveroit de la
part de l'étoffe , & il arriveroit alors que lorfqu'il feroit forti du Ballon une affez grande
quantité de gaz , pour que la force de celui qui

y refteroit ne fut pas fupérieure à celle de l'air environnant, le reffort de la foupape n'étant plus pouffé en dehors par une force plus grande que celle de l'air extérieur, fe rétabliroit de lui-même & refermeroit la foupape, & qu'ainfi la force expanfive du gaz feroit toujours à-peu-près en équilibre. avec la force de l'air, à quelque hauteur que les Ballons fuffent tranfportés.

Si en rempliffant exactement ces Ballons, on vouloit empêcher encore plus fûrement qu'ils ne fuffent déchirés par l'expanfion du gaz qu'ils renferment, & en prévenir en même-tems toute déperdition, voici un autre moyen qui répond à ces vues. En attachant au-deffous du Ballon rempli de gaz, & qu'on veut abandonner, un Ballon d'une capacité à-peu-près égale qu'on aura bien privé d'air atmofphérique, & en établiffant une communication libre entre les deux Ballons au moyen d'un robinet ouvert, on fera fûr que dès que le reffort du gaz contenu dans le Ballon fupérieur fera plus fort que celui de l'air environnant, le gaz paffera tranquillement dans le Ballon inférieur & qu'il remontera enfuite

par fa légéreté dans le Ballon fupérieur , auffi-
tôt que l'air environnant acquerra une plus
grande force comprimante ; de façon que la
force du reffort du gaz & celle de l'air feront
toujours dans un parfait équilibre , & que le
Ballon n'aura aucun effort à craindre de la
part du gaz qu'il contient.

Au refte , comme mon but principal eft de
prouver la poffibilité de la navigation dans
l'air , & puifque les Ballons , avec lefquels on
navigeroit , ne monteroient point avec un
mouvement auffi rapide que celui du Champ de
Mars , & ne pourroient par conféquent courir le rifque dont il eft queftion , qu'à des
hauteurs fi grandes qu'elles pourroient être
incommodes , ou effrayeroient au moins l'i-
magination des premiers navigateurs ; il eft
inutile d'en dire davantage fur cet article , &
nous allons nous occuper des précautions néceffaires pour garantir les hommes qui voudroient fe hazarder à naviguer dans ce nouvel
élément , de tous les dangers auxquels cette
tentative pourroit les expofer.

Cependant , en obfervant que la Machine
de Verfailles & le Ballon du Champ de Mars

ont été tous deux déchirés dans leur partie
fupérieure , & en faifant attention que la partie fupérieure des grandes Machines aéroftatiques eft celle qui fatigue le plus, quand il s'a-
git de les hiffer pour les remplir , & qui eft
en même temps la plus expofée à l'effort du
gaz qui tend toujours en haut ; il paroît qu'il
feroit prudent de renforcer les parties fupérieures de ces Globes , & de s'appliquer fur-
tout à connoître quelles font les qualités dé-
firables dans les matières qu'on voudroit employer à la conftruction de ces Machines.

Il eft effentiel pour affurer le fuccès des
voyages dans les airs , que les étoffes ou les
matières, dont feront compofées les Machines
aéroftatiques , foient affez fortes pour réfifter
à l'effort des poids dont elles feront chargées , & quoiqu'il foit à défirer qu'elles foient
légères , il eft encore plus important qu'elles
foient folides , parce qu'on peut fuppléer à la
légèreté des étoffes en donnant plus de volume aux Machines ; & c'eft par conféquent à
fabriquer les étoffes les plus fortes , les plus
fouples , les plus légères & les plus ferrées
qu'il foit poffible , que les ouvriers qui travail-

leront pour les Machines aéroftatiques doivent s'appliquer ; mais à quelque degré de
perfection qu'on porte à cet égard la fabrica-
tion , il paroît bien difficile qu'on puiffe jamais
parvenir à faire des étoffes d'un tiffu affez
ferré , pour qu'elles foient abfolument imperméables , foit à l'air atmofphérique , foit aux
différens gaz fi fubtils , dont les Machines
aéroftatiques peuvent être remplies , fur-tout
quand ces étoffes feront tendues & tirées par
les poids dont ces Globes feront chargés. Il
eft donc vraifemblable que les étoffes , quelles qu'elles foient , auront toujours befoin
d'être peintes pour être employées aux Ballons aéroftatiques , & l'art des vernis va par
cette raifon acquérir un nouveau degré d'importance.

Les vernis propres à enduire les Machines
aéroftatiques , doivent être les plus folides ,
les plus légers , les plus fouples & les plus
inattaquables , foit à l'acide de l'air , foit aux
différens gaz dont ces Machines peuvent être
remplies. Il en exifte d'excellens , & qui ont
toutes ces qualités à un très-haut degré : les
vernis à la gomme élaftique , à la gomme co-

pale & au fuccin, font prefqu'également bons, & les progrès rapides que les arts font fous nos yeux, ne laiffent guère lieu de douter que tous les objets qui entrent dans la compofition des Machines aéroftatiques, ne parviennent bientôt à un degré de perfection difficile à être furpaffé. Mais en rendant juftice à l'induftrie humaine, j'avoue cependant que je fuis porté à penfer qu'il eft à cet égard un point auquel les arts ne pourront jamais atteindre, & que les membranes &, les peaux des animaux auront toujours de l'avantage relativement à la force & à l'imperméabilité fur toutes les étoffes qu'on pourra inventer.

Peut-on croire qu'il exifte jamais une étoffe auffi fine que cette pellicule de l'inteftin du bœuf, dont on fait les petits Ballons qu'on vend maintenant à Paris, & qui foit en même tems auffi imperméable, foit à l'air atmofphérique, foit à l'air inflammable? Les veffies des animaux ne font-elles pas d'un ufage plus fûr pour conferver de l'air, que toutes les étoffes que l'on pourroit fabriquer?

Les fables anciennes qui repréfentent les vents comme renfermés dans des outres, l'ufage

fage conftant de tous les ouvriers qui font les
Ballons, avec lefquels on joue dans les col-
lèges, & celui des ouvriers qui font les fou-
flets de toutes grandeurs, ne prouvent-ils pas
que de tems immémorial, l'expérience a appris
que de toutes les fubftances qui ont quelque
foupleffe, la peau des animaux eft la plus
propre à conferver l'air qu'on lui confie ?

Ce que nous venons de dire de l'imperméabilité des peaux, comparée à celle des étoffes, peut avec autant de raifon fe dire de
leur force. On ne connoît aucune étoffe qui,
à épaiffeur égale, foit capable d'autant de réfiftance qu'un cuir bien tanné, & l'on peut
remarquer tous les jours, que lorfque les marchands veulent vanter la force d'une étoffe,
ils la comparent à celle du cuir par une efpèce
d'exagération.

Toutes ces raifons m'induifent à croire que
c'eft principalement fur les peaux des différens animaux que l'induftrie devroit s'exercer
pour les Machines aéroftatiques au point de
perfection dont elles font fufceptibles ; &
comme, malgré toutes les qualités que nous
venons de lui reconnoître, le cuir a le défaut

H

d'être pefant, c'eft donc à lui ôter cette im-
perfection qu'on devroit fur-tout s'appliquer;
& l'on peut prédire fans crainte, que la nation qui trouvera le moyen de rendre les cuirs
plus fouples & plus légers, en confervant
leur force, fera celle qui tirera les plus grands
avantages des Machines aéroftatiques.

Au refte, je ne veux point finir cet article
fans rendre compté d'une idée ingénieufe de
don Gauthey, qui peut être de quelque utilité,
& qui trouve ici fa place très-à-propos.

Il pourroit peut-être arriver qu'on trouvât
un jour quelque matière folide & fans foup-
pleffe qui feroit préférable au cuir même pour
la conftruction des Machines aéroftatiques, &
l'on fent qu'il feroit alors impoffible de les
tordre ou de les comprimer pour en faire
fortir l'air commun qu'elles contiendroient,
avant de les remplir du gaz dont on voudroit
les animer. Dans ce cas, don Gauthey propofe d'introduire dans le Ballon inflexible
un autre Ballon d'un volume égal & d'une
étoffe très-mince & très-fouple, telle que
feroit du taffetas gommé, & qui feroit bien
tordu, & par conféquent bien privé d'air.

Il veut enfuite, qu'après avoir fait un petit
trou au Ballon extérieur, ou y avoir pofé un
petit robinet qu'on laiffera ouvert pour en
laiffer échapper l'air, on lie fortement les
deux Ballons au robinet, par lequel on intro-
duira le gaz dans le Ballon intérieur & flexi-
ble. De cette manière, le gaz en rempliffant & en gonflant ce fecond Ballon, obli-
gera tout l'air contenu dans l'autre à s'échapper par l'ouverture qu'on y aura faite à ce
deffein : le Ballon intérieur étant d'un volume égal à celui du premier Ballon, celui-ci
fe trouvera entièrement rempli de gaz, &
tout-à-fait privé d'air atmofphérique ; & bou-
chant enfuite le petit trou, ou fermant le
petit robinet, on aura un Ballon folide, exactement rempli de gaz, & privé de l'air commun qu'il contenoit.

Ainfi, après avoir tâché d'indiquer la manière de conftruire des Machines aéroftatiques
folides, & avoir pourvu autant que nous le
pouvions à la fûreté des hommes qui s'en
ferviroient, nous allons nous occuper des
moyens qui nous ont paru propres à diriger
ces Machines, après avoir cependant dit un

H ij

mot des différens gaz qu'on peut mettre en
ufage pour leur donner de l'activité.

L'étude des gaz eft affez nouvelle, & la
fcience n'en eft par conféquent point encore fort étendue. On connoiffoit quelques
gaz alkalins plus légers que l'air, & il paroît
que M. de Montgolfier emploie quelques matières alkalines pour former le fien. Ce gaz,
par la modicité de fon prix & par la facilité
auffi bien que par la promptitude avec laquelle
il eft produit, a fous ce rapport des avantages
infinis fur tous les autres, & l'expérience de
Verfailles en fut une preuve évidente. C'é-
toit une chofe véritablement admirable, &
qui fembloit tenir du prodige, que de voir
une toile qui fervoit de tapis à un échaffaud,
s'enfler graduellement par une caufe invifible, & préfenter enfuite en fept minutes de
tems aux yeux de cent cinquante mille fpectateurs, une efpèce de Globe d'une forme &
d'une grandeur majeftueufe, qui s'éleva enfin
de lui-même à la hauteur de 300 toifes avec
tranquillité; & quand on venoit à apprendre
que la caufe d'un phénomène auffi impofant
n'étoit due qu'à la combuftion de 50 livres

de paille & de 5 livres de pouffière de laine ;
la furprife qu'il avoit caufée étoit encore
plutôt accrue que diminuée.

Cependant quelqu'admirables que foient
les effets de ce gaz, comme il n'eft point
encore affez bien connu, & qu'on ignore à
quel point il peut être irréductible, je m'abf-
tiendrai d'en parler, & je laifferai au temps &
à l'expérience à faire juger de fon mérite.

Les meilleurs gaz à employer dans les
Machines aéroftatiques, feront toujours les
plus légers, les plus irréductibles, les plus
inaltérables, les plus faciles à faire, & qui
pourront être produits le plus promptement
& au prix le plus vil. C'eft fans doute à la re-
cherche de pareils gaz que la chimie va s'occuper & foumettre, pour y réuffir, toutes les
fubftances de la nature, feules & combinées
à tous les degrés de feu & à tous les procédés
dont elle pourra faire ufage ; & fi la nature
lui en refufe de plus parfaits que ceux que
nous connoiffons, il faut au moins efpérer
qu'elle réuffira à rendre plus facile en grand
la manipulation de ceux qui font déjà trouvés.

L'air inflammable que vous aviez indiqué

H iij

pour remplir le Ballon du Champ de Mars, eſt, de tous les gaz connus, le plus léger; il n'eſt réduĉtible que par l'inflammation, & il eſt inaltérable au point d'avoir été conſervé des années entières dans des vaiſſeaux de verre, ſans avoir été détérioré. Mais ce gaz ſi parfait d'ailleurs, a le défaut d'être un peu cher & d'une manipulation aſſez difficile en grand. A l'égard de la manipulation, il ſemble qu'on ait déjà fait quelques progrès, & l'appareil dont on s'eſt ſervi dans une expérience que vous avez faite depuis peu, rend l'introduc-tion de cet air plus facile & moins dangereuſe pour le Ballon.

On doit ſe flatter de même, qu'une ſubſ-tance auſſi commune, & que la nature & les arts nous offrent à l'envi, deviendra bientôt à vil prix. On ſait que la fermentation putride en produit beaucoup, que les eaux croupiſ-ſantes & les marais en fourniſſent en abon-dance, & que dans les manufaĉtures de vitriol martial, on laiſſe évaporer tout celui qui s'y forme : il paroît donc impoſſible que ce gaz ne diminue pas de valeur, quand on s'occu-pera à l'aller chercher dans les magaſins im-

menfes que la nature nous en préfente ; &
que dans les atteliers où il s'en perd journelle-
ment des quantités confidérables, on fongera
à le conferver. Il eft même à préfumer, fi
l'air inflammable eft le gaz qu'on préfère pour
remplir les Machines aéroftatiques, que lorfque l'ufage de ces Machines fera devenu commun, il s'établira des marchands qui en feront commerce, & qui en auront des magafins, de façon qu'on n'aura plus la peine de
le manipuler foi-même, & que cet air étant
chez les marchands, renfermé dans des outres, on pourra remplir les Machines aéroftatiques, quelque grandes qu'elles foient,
fans le moindre embarras.

J'ignore en effet fi l'on s'eft affuré que l'air
inflammable des marais eft de la même légèreté que celui qui eft produit par la diffolution du fer par l'efprit de vitriol : on dit
celui tiré du zinc encore plus léger ; mais
comme celui qui eft produit par la diffolution
du fer, eft plus connu & plus éprouvé que
les deux autres, j'avertis que c'eft avec cet
air que je fuppoferai remplie la Machine aéroftatique que je vais tâcher de diriger.

H iv

Il feroit à fouhaiter fans doute qu'on pût
fe paffer de tous ces gaz , quelque bons qu'on
les fuppofe , & qu'il fût poffible de faire avec
un métal quelconque , des Globes qui , fans
être d'une grandeur démefurée , & étant affez
folides pour fupporter un vuide intérieur
abfolu , fuffent pourtant affez légers pour
pefer moins que le volume d'air qu'ils déplace-
roient , quand on auroit pompé celui dont
ils feroient remplis. De telles Machines feroient
certainement plus folides & plus imperméables qu'aucune de celles qu'on pourroit faire
avec la meilleure étoffe ou le meilleur cuir,
& feroient auffi bien plus faciles à diriger
verticalement que celles qui feroient pleines
du meilleur gaz , puifque pour les faire plus
ou moins monter ou defcendre , il fuffiroit
d'y laiffer rentrer ou d'en faire fortir plus ou
moins d'air. Mais il eft dans prefque tous les
arts un point de perfection auquel on tend ,
& dont on approche toujours fans pouvoir
l'atteindre ; & ce que je propofe ici eft peut-
être le point de perfection auquel les conftruc-
teurs de Machines aéroftatiques ne parvien-
dront jamais. Effayons donc de conduire des

Machines aéroftatiques remplies d'air inflammable , auffi parfaites qu'on puiffe les exécuter , ou qu'on puiffe au moins raifonnable-
ment les efpérer.

J'avertis encore que fi je fuppofe mes Machines remplies d'air inflammable , ce n'eft
point que je prétende lui donner la préférence
fur le gaz de MM. de Montgolfier , & que c'eft
uniquement parce que je le connois davantage.
D'ailleurs , tout ce que je dirai des Machines
remplies d'air inflammable , pourra s'appliquer , avec les changemens néceffaires , à
celles qui feroient animées par le gaz de MM.
de Montgolfier.

Je vous demande pardon , Monfieur , d'entrer dans tous ces détails dans une lettre qui
vous eft adreffée ; je fais combien ces matières
vous font familières , & fur tout ce qui y a rapport , je me ferois affurément gloire de prendre de vos leçons ; mais puifque vous voulez
bien publier cette lettre à la fuite du Précis
hiftorique que vous donnez de cette découverte , j'ai cru que , pour prouver la vérité
de la penfée de l'exergue que vous avez bien
voulu adopter , il falloit ne rien oublier de ce

.qui pouvoit montrer que la navigation dont il s'agit étoit non-feulement praticable , mais encore qu'on pouvoit efpérer qu'elle ne feroit ni très-difficile, ni très-périlleufe , & j'ai penfé que bien des perfonnes , pour qui ces matiè-res font abfolument nouvelles , me pardon-neroient d'être entré , en en parlant, dans plus de détail que je ne m'en permettrois fur des fujets qui auroient été traités par d'autres, & qui feroient par conféquent plus connus.

Avant de fonger à diriger en tout fens une Machine aéroftatique , il faut d'abord s'occu-per des moyens de la faire parvenir à la hau-teur où on défire de la porter , & de la met-tre en parfait équilibre avec la couche hori-zontale d'air dans laquelle on fe propofe de naviger. J'indiquerai enfuite les moyens que je crois propres à la faire monter ou defcendre à volonté , après quoi je tâcherai de la faire mouvoir horizontalement en tout fens , & il fera facile de comprendre que fi je réuffis à lui imprimer ces deux mouvemens, on pourra, en les combinant , diriger cette Machine fe-lon tous les plans poffibles obliques à celui de l'horizon.

Je fuppoferai donc que la Machine aéroſtatique fur laquelle je veux m'embarquer, eſt
très - grande, & capable d'élever des poids
confidérables ; qu'elle eſt très-folide, & qu'elle
ne perd rien, ou ne perd qu'infiniment peu
de l'air inflammable qu'on lui confie. J'y pla-
cerai deux robinets, l'un en haut, & l'autre
en bas, & je la fuppoferai garnie de quelques
échelles de corde ; par le moyen defquelles
deux hommes puiſſent monter juſqu'au robinet fupérieur. Ce robinet étant fermé, je rem-
plirai cette Machine par le robinet inférieur
dans une proportion convenable, & fi je pré-
vois que je doive m'élever très-haut, j'atta-
cherai en bas un autre Globe plus petit, avec
lequel je laiſſerai à ma Machine une communication libre pour prévenir un accident pareil à celui qui eſt arrivé au Ballon du Champ
de Mars.

Cette Machine étant remplie autant que je
le défirerai, je la chargerai d'un poids un peu
plus pefant que celui qu'elle peut enlever : ce
poids confiſtera en un bateau d'une conſtruction très-légère, fur lequel j'embarquerai les
hommes qui voudront naviger avec moi, &

ce qu'il faut pour notre voyage. Le fond de
ce bateau fera rond en dehors & en dedans ,
repréſentant un tonneau qui tiendroit toute la
longueur du bateau ; & quoique le reſte du
bateau doive être conſtruit très-légèrement ,
le fond , ou cette eſpèce de tonneau dont j'ai
parlé , doit être fait avec la plus grande exactitude , & ſolide au point de ſupporter qu'on
y faſſe , ſelon le beſoin , ou un vuide intérieur
abſolu , ou qu'on y condenſe l'air juſqu'à le
faire peſer au moins le double de celui de l'at-
moſphère.

Je laiſſerai le fond de mon bateau plein
d'air ordinaire ; j'embarquerai quelques tonneaux auſſi ſolides que le fond de mon bateau ,
qui ſeront abſolument privés d'air , & quelques autres remplis d'air inflammable ; je pren-
drai de plus avec moi quelques flacons d'huile
de vitriol , & j'acheverai le reſte de mon leſt
avec une quantité de limaille de fer beaucoup
plus que ſuffiſante pour ſaturer l'huile de vitriol que j'aurai embarquée.

Les choſes ainſi préparées , je ſongerai à
mon départ , & j'obſerverai de ne partir que
quand le baromètre ſera au terme moyen de

fes variations, c'eſt-à-dire, à-peu-près à vingt-
huit pouces.

Je commencerai par jeter une partie de
la limaille de fer ſuperflue que j'ai embarquée,
juſqu'à ce que je ſois à flot, c'eſt-à-dire, juſqu'à ce que j'aie perdu terre ; & continuant
ainſi à en jeter peu-à-peu, je m'éleverai inſen-
fiblement juſqu'à ce que je ſois en équilibre
avec la couche d'air à laquelle je veux me fixer ;
& l'on remarquera que je monte ſans aucune
ſecouſſe & ſans aucun riſque, & que j'arrive
à la hauteur ſouhaitée avec la préciſion qu'un
grain de limaille de fer jeté de plus ou de moins
peut procurer.

Arrivé à cette hauteur, je n'aurai guère,
dans un voyage ordinaire & dans un tems calme, aucune raiſon de déſirer de monter, ni
de deſcendre. L'air étant à ſon terme moyen
de peſanteur quand j'ai quitté terre, quelques
changemens que le baromètre puiſſe enſuite
indiquer dans cette peſanteur, les couches
d'air avec leſquelles ces changemens me met-
tront en équilibre, ne pourront être fort éloignées de celle où je me ſerai placé d'abord ;
& il doit m'être aſſez indifférent de naviger à

quelques toifes plus haut ou plus bas dé la hauteur à laquelle je ferai monté en commençant mon voyage.

Je réfervérai donc les moyens que j'ai de m'élever ou de defcendre pour quelque occafion importante , & il peut s'en préfenter deux de ce genre.

Premièrement je puis être incommodé par le vent à la hauteur où je me trouve, & défirer par conféquent d'en changer. Je me réferve de parler du parti qu'il faut prendre dans cette circonftance , quand j'indiquerai les moyens qu'on peut employer pour diriger horizontalement les machines aéroftatiques.

Secondement je puis être obligé de paffer par-deffus quelque haute montagne ; & c'eft ici la chofe la plus difficile dans cette forte de navigation. En effet , les montagnes font à la navigation dont nous parlons , ce que les caps font dans la navigation ordinaire ; & l'on fait combien quelques-uns ont été anciennement , & combien quelques autres font encore aujourd'hui , difficiles à doubler.

Si je prévoyois que dans le cours de mon voyage, je n'euffe qu'une feule haute montagne

à franchir, je pourrois fans doute me charger ,
en partant , de quelque poids inutile dont je
me déchargerois pour paffer par-deffus cette
montagne , comme j'ai jeté la limaille de fer
pour me porter à la hauteur à laquelle je vou-
lois me placer ; mais comme on ne pourroit
répéter ce moyen , & que je pourrois avoir
plufieurs obftacles femblables à furmonter ,
& puifque d'ailleurs on peut , pour d'autres
raifons , avoir befoin de monter & de defcendre pendant le cours d'un voyage , il vaut
mieux chercher des manières de s'élever ou
de s'abaiffer , dont on puiffe faire ufage auffi
fouvent que le befoin exigera de les employer.

Il me paroît qu'on ne peut trouver que deux
moyens phyfiques pour faire monter ou defcendre à volonté les Machines aéroftatiques ;
mais je crois qu'on peut encore fe fervir d'un
moyen méchanique capable d'augmenter l'effet des deux autres ; & je parlerai dans l'inftant de ce dernier moyen, quand il fera queftion de diriger horizontalement ces Machines.

Les deux moyens phyfiques qui peuvent
faire monter ou defcendre les Machines aérof-

tatiques, se rencontrent dans les deux seuls
fluides desquels on puisse disposer, quand on
est transporté par ces Machines ; je veux parler de l'air dans lequel on navige, & du fluide
qui anime la machine qui vous transporte.

Pour monter il faut, ou diminuer la pesanteur du fardeau à élever, ou augmenter la
force élevante de la Machine, & il doit être
quelquefois nécessaire d'employer ensemble
l'un & l'autre de ces moyens, quand on veut
s'élever à une hauteur beaucoup plus grande
que celle où l'on se trouve.

Si j'ai besoin de m'élever, je commencerai
donc par pomper l'air dont est plein le fond
de mon bateau, & je diminuerai ainsi le poids
du bateau de celui de cet air que j'aurai pompé. Si cette manœuvre est insuffisante pour
m'élever aussi haut que je le veux, je pompe-
rai tout ou partie de l'air inflammable que j'ai
embarqué dans des tonneaux, je l'introduirai
dans ma Machine par le robinet inférieur ; &
mes tonneaux se trouvant absolument vuides,
j'aurai donc par l'introduction de cet air, augmenté la légèreté relative de ma Machine, &
diminué encore le poids de mon bateau de ce-

lui

lui de l'air inflammable qui étoit dans mes
tonneaux. Ce moyen devroit suffire seul pour
m'élever à la plus grande hauteur , puisque je
suis le maître d'embarquer avec moi toute la
quantité d'air inflammable qui peut m'être nécessaire ; & que pour qu'il tienne moins d'efpace , je puis même le fouler & le condenser
dans quelques-uns de mes tonneaux. Cependant si la quantité d'air inflammable que j'avois
embarqué ne suffit pas encore pour donner à
ma Machine la force de s'élever assez haut ,
alors , avec l'esprit de vitriol & la limaille de
fer que j'ai dans mon bateau , je ferai de l'air
inflammable , & je l'introduirai encore dans
ma Machine ; & s'il me restoit quelque petite
hauteur à gagner , je jetterois à terre le résidu
de la dissolution de la limaille par l'acide
qui me deviendroit inutile ; & en soulageant
encore mon bateau de ce poids , & en ajou-
tant à tous ces moyens la force méchanique
dont il me reste à parler , il faudroit que la
hauteur à laquelle je veux m'élever, fût à une
distance verticale , immense de celle dont je
pars , pour que je ne pusse pas l'atteindre.

Tous les effets de ces divers moyens sont

I

calculables felon les différentes fuppofitions
qu'on voudra faire; mais il me femble, par un
fimple apperçu, que la réunion de ces moyens
doit porter une Machine aéroftatique à la plus
grande hauteur où l'on puiffe avoir befoin de
la faire monter, fur-tout fi l'on réfléchit que
quelqu'un qui prévoit qu'il lui fera néceffaire
de s'élever extraordinairement haut, commen-
cera par s'établir à une hauteur affez grande,
pour qu'il ne lui foit point enfuite impoffible
d'atteindre celle à laquelle il veut enfuite fe
porter.

Après m'être élevé auffi haut, & avoir fran-
chi un pas auffi difficile, il faudra defcendre;
& cette marche eft bien plus facile, au moins
eft-on toujours plus fûr de defcendre auffi bas
que l'on veut, que de s'élever à la hauteur
qu'on defire, fi cette hauteur eft extrême.
Je commencerai donc pour defcendre, par
condenfer l'air dans le fond de mon bateau;
on peut, plus commodément vuider la Machine & remplir les tonneaux par le robinet
inférieur, au moyen d'une pompe afpirante &
foulante; & le robinet fupérieur ne doit fervir que pour vuider promptement la Machine,

lorſqu'on eſt preſſé de deſcendre ; & faiſant
redeſcendre dans le bateau les tonneaux à
meſure qu'ils feront remplis d'air inflammable , je diminuerai par ce moyen la légèreté
relative de ma Machine , & j'augmenterai le
poids de mon bateau de celui de l'air inflammable que j'aurai introduit dans les tonneaux.
Si cette manœuvre ne me fait deſcendre aſſez
bas , je pourrai condenſer mon air inflammable dans pluſieurs tonneaux , afin qu'il m'en
reſte quelques-uns de vuides , dans leſquels
après avoir laiſſé entrer l'air atmoſphérique ,
je pourrai l'y condenſer pour augmenter encore le poids de mon bateau , & le faire ainſi
deſcendre auſſi bas que je le déſire.

J'aurai donc conſervé tout mon air inflammable , & je pourrai par conſéquent m'élever
encore à une hauteur égale à celle où je me
ſuis porté précédemment , & ſi j'ai perdu pour
deſcendre , le poids de la limaille de fer & de
l'eſprit de vitriol que j'avois embarqué , on
voit que j'y ai ſuppléé par celui de l'air con-
denſé que j'ai fait entrer dans des tonneaux
qui étoient auparavant abſolument vuides.

Cependant ſi je m'apperçois que ma Ma-

chine ait laiſſé échapper du gaz qu'elle contenoit, & que je craigne par cette raiſon que
l'acide & la limaille que j'ai perdus ne viennent à mé manquer, alors ouvrant peu-à-peu
le robinet ſupérieur de la Machine, j'en laiſſe
échapper autant de gaz qu'il faut pour la faire
déſcendre tranquillement; je mets alors doucement à terre, & je vais me pourvoir de ce
dont je crois avoir beſoin pour continuer ma
route.

On voit donc qu'il eſt très-facile de faire
monter & deſcendre les Machines aéroſtatiques, quand les hauteurs auxquelles on veut
les porter, ne ſont pas infiniment diſtantes
les unes des autres, & qu'il eſt même poſſible
de leur faire parcourir, en montant & en
deſcendant, une ligne verticale aſſez grande
pour fournir à tous les beſoins de cette eſpèce
de navigation. Voyons maintenant s'il ſera
plus difficile de les diriger horizontalement,
& terminons ce qui nous reſte à dire pour juſtifier notre exergue.

En partant du principe, que tout corps en
équilibre avec le fluide dans lequel il eſt ſuſ-
pendu a nulle peſanteur, on doit ſentir que

la moindre force fuffit pour le mouvoir dans
ce fluide dans le fens horizontal felon lequel
elle agit , fur-tout fi ce fluide a peu de denfité
& de tenacité. Ma Machine aéroftatique étant
toujours en équilibre avec la couche d'air dans
laquelle elle fe fixe , il fuffira par conféquent
d'une force infiniment petite pour la mouvoir ,
& pour diriger fon mouvement dans tous
les fens que l'on voudra dans le plan horizontal de cette couche.

J'ajufterai donc à mon bateau des rames
larges & légères , faites fi l'on veut , avec de
larges bandes de fort parchemin , & difpofées
proportionnellement au nombre des hommes
dont je pourrai employer les forces. C'eft
avec ces rames que je compte diriger horizontalement mon bateau dans un tems calme , &
je ne crois pas qu'il foit à craindre que je ne
puiffe pas y parvenir par leur moyen.

Quand on réfléchit fur le vol des oifeaux ,
peut-on s'empêcher de penfer qu'il faut que
l'air ait un reffort qui réagiffe avec une force
extrême , quand il a été tendu & comprimé
par un mouvement un peu violent ? Comment
fans cela pourroit-on concevoir que les oifeaux

en le frappant avec leurs aîles , puſſent non-
ſeulement diriger , mais encore ſoutenir &
élever dans ce fluide un corps mille fois plus
peſant que lui ; or , ſi le mouvement qu'im-
priment à l'air les aîles des oiſeaux eſt capable
de produire cet effet étonnant , comment
pourroit-on douter que le mouvement de nos
rames ne pût diriger un corps dont la peſanteur eſt nulle , & qui n'oppoſe ainſi aucune
réſiſtance au mouvement horizontal qu'on lui
imprime ?

La nature nous indique elle-même quelle
eſt la grande différence entre la force qu'il
faut employer pour faire mouvoir dans un
fluide un corps beaucoup plus peſant que lui ,
& celle qui ſuffit pour y faire mouvoir un corps ,
dont la peſanteur approche de celle du fluide
dans lequel il eſt plongé ; & la différente ſtruc-
ture des animaux qui ſont dans ces rapports
différens de peſanteur avec le fluide dans lequel
ils ſe meuvent, en eſt, ſi l'on peut ainſi parler,
une *démonſtration naturelle.*

Les oiſeaux ſont , comme on l'a dit, à-peu-
près mille fois plus peſans que l'air , & la
peſanteur des poiſſons eſt preſqu'égale à celle

de l'eau; la nature en conféquence a donné aux oifeaux un très-petit corps & de très-grandes aîles, tandis qu'elle a formé les poiffons avec de très-gros corps & de petites nageoires: encore les naturaliftes ont-ils attribué une force prodigieufe aux mufcles des aîles des oifeaux, tandis qu'ils ne difent rien de femblable de celle des nageoires.

Ces nageoires, toutes petites qu'elles font, fuffifent cependant pour faire mouvoir les poiffons, non-feulement dans toutes les directions horizontales, mais il paroît même certain qu'elles fuffifent encore à les faire monter & defcendre dans l'eau avec une grande viteffe; & quoique les poiffons, quand ils ne font agités par aucune paffion, puiffent peut-être monter ou defcendre lentement dans l'eau par la compreffion ou par la dilatation feules de leurs veffies, il ne faut qu'obferver la manière dont ils montent ou defcendent en certaines occafions, pour être fûr que ces mouvemens n'ont point pour caufe le plus ou le moins de volume qu'ils donnent à leurs corps, & qu'ils font au contraire l'effet de l'action feule de leurs nageoires, aidée par celle de leur queue.

Si le mouvement des poiſſons , en montant & en deſcendant, étoit produit par le plus ou moins de volume que leur veſſie eſt ſuppoſée leur donner , ce mouvement ſuivroit les loix auxquelles ſont aſſujettis tous ceux qui ſont l'effet de la peſanteur. Il ſeroit très-lent dans les premiers inſtans , & augmenteroit de vi-teſſe à meſure qu'il ſeroit continué ; & l'on voit au contraire , dans une eau claire , les poiſſons s'élancer & partir avec viteſſe du fond de l'eau , pour venir à la ſurface chercher le pain qu'on leur jete, comme on les voit ſe pré-cipiter au fond de l'eau , lorſque quelque objet leur fait peur à la ſurface.

· Il paroît donc qu'il peut reſter pour conſ-tant qu'indépendamment de la compreſſion ou de la dilatation de leurs veſſies, les poiſſons montent & deſcendent dans l'eau par la ſeule action de leurs nageoires ; & l'air dans lequel eſt ſuſpendue notre Machine , ayant beaucoup moins de denſité & de tenacité que l'eau dans laquelle nagent les poiſſons , il doit donc à plus forte raiſon paroître certain que les rames dont nous avons garni notre bateau , ſont ſuffiſantes pour lui faire exécuter non-ſeule-

ment tous les mouvemens horizontaux qu'on
peut défirer ; mais encore pour le faire monter ou defçendre d'une certaine quantité,
felon la force & la direction qu'on donnera
à leur mouvement. Et tel eft le méchanifme
dont nous avons parlé, & que nous avons dit
devoir aider les deux moyens phyfiques que
nous avons précédemment employés, pour
faire monter & defcendre notre bateau.

. Après avoir ainfi propofé les moyens de
diriger verticalement & horizontalement les
Machines aéroftatiques, & par conféquent de
leur faire auffi parcourir tous les plans poffibles, obliques à celui de l'horizon, il fem-
bleroit que ma tâche eft remplie, & que j'ai
fuffifamment juftifié l'exergue qui m'a engagé
dans cette difcuffion ; mais je n'ai point oublié
que j'ai fait jufques ici abftraction du vent, &
je ne prétends point diffimuler qu'il doit jouer
un grand rôle dans la navigation dont il s'agit.
Nous allons donc nous en occuper maintenant,
& examiner quels obftacles il peut nous oppofer, quels dangers il peut nous faire courir,
& quels fecours il peut auffi nous prêter,

S'il eft facile de diriger les Machines aéroftatiques dans un tems abſolument calme, il paroît qu'il doit être extrêmement difficile de les gouverner auſſitôt que l'air vient à être agité. Le volume des Machines capables d'élever des poids conſidérables, doit être immenſe; le vent doit donc exercer ſur elles un empire proportionné à cette immenſité, & les poids qu'elles peuvent enlever, quelque conſidérables qu'on les ſuppoſe., ſemblent offrir des reſſources bien foibles pour pouvoir oppoſer des forces ſuffiſantes à une puiſſance qui paroît auſſi irréſiſtible.

C'eſt en cela que me ſemble effectivement conſiſter la grande difficulté de cette eſpèce de navigation, & je ne me flatte pas aſſurément de la lever entièrement, c'eſt à quoi de longues méditations & une expérience encore plus longue pourront un jour parvenir. Dans tous les ouvrages de l'induſtrie humaine, ainſi que dans ceux de la nature, il eſt un point de maturité que le tems ſeul peut amener, & il eſt impoſſible qu'un art qui n'eſt pas encore ébauché, ſoit capable, en commençant, de ſurmonter tous les obſtacles que la nature ſemble lui oppoſer.

Quand on fe rappelle combien la navigation
maritime eft ancienne, & combien fes progrès
ont été lents ; & quand on confidere en même-
tems combien les naufrages , fi fréquens fur
les côtes , & qui ne font même que trop com-
muns en pleine mer , prouvent que cet art
a encore befoin d'être perfectionné , on ne
peut exiger fans doute que la navigation dont
il eft ici queftion , puiffe à fon début atteindre à une perfection dont la navigation maritime eft encore fi éloignée.

Voyons cependant comment on peut affoiblir la difficulté que je me fuis propofée , comment fi l'on ne peut la réfoudre , on peut au
moins , en bien des cas , l'éluder , & tâchons
de montrer qu'il eft même très-vraifemblable
que ce qui paroît nous préfenter d'abord un
obftacle infurmontable dans cette navigation ,
doit un jour , par les fecours réunis de l'art &
de la nature , contribuer à fon fuccès & à fa
fûreté.

La puiffance du vent doit fans doute être
très-grande fur les Machines aéroftatiques ;
auffi ne faut-il pas efpérer qu'on puiffe avec
les fecours des rames , furmonter la force d'un

vent abfolument contraire & violent. Il faut
donc imiter les marins qui fe gardent bien de
partir dans telles circonftances , & attendre ,
comme ils font , que le vent change & fe
foit appaifé.

Si le vent , fans être tout-à-fait favorable ,
n'eft pas abfolument contraire , & s'il eft en
même-tems modéré , alors il faut encore imiter la manœuvre qu'on emploie fur mer , & fi
l'on ne peut pas aller droit à fon but , il faut
louvoyer , & il eft très-vraifemblable qu'en
fe fervant bien de fes rames, on pourra, quoique par une navigation plus longue , atteindre cependant le terme qu'on s'eft propofé.

Il femble qu'il eft naturel de fuivre pas à pas
l'exemple des hommes, qui les premiers fe
font hafardés à naviguer fur la mer , & que
dans les commencemens, il feroit prudent de ne
s'éloigner ainfi qu'ils faifoient , que le moins
qu'on pourroit de terre , de ne pas entreprendre de longs voyages , & de ne partir qu'a-
vec un vent favorable.

Si le vent venoit à changer pendant le
cours de la navigation , ou fi le tems devenoit
orageux , on devroit mettre à terre , comme

le pratiquoient encore les premiers navigateurs , & ne fe rembarquer que quand le beau
tems & un bon vent y engageroient.

. Avec ces précautions on courroit peu de
danger , on s'appliqueroit chaque jour à étudier l'élément dans lequel on navigeroit , les
périls auxquels il expofe & les reffources qu'il
peut offrir , & on fe hafarderoit peu-à-peu davantage.

Mais quand une plus longue expérience auroit donné des connoiffances plus fûres & plus
étendues , & qu'on fe feroit tout-à-fait fami-
liarifé avec ce que cette navigation a d'abord
d'effrayant pour l'imagination , alors l'audace
fuccéderoit à la timidité , on pourroit tenter
des entreprifes auffi étonnantes dans leur
genre , que celles que les marins exécutent de
nos jours , & on auroit , pour les mettre à fin,
des moyens qui manquent à nos plus grands
hommes de mer.

Il faut obferver que lorfqu'on navige fur la
mer , on eft obligé pour faire route , de fe
fervir du vent qui régne à fa furface , tandis
que ceux qui navigeroient dans l'air , auroient
à choifir dans fa profondeur les vents qui

pourroient leur convenir ou les couches d'air qui ne feroient point agitées.

Les vents font dans l'air, ce que les courans font dans la mer, & il eft certain que dans ce dernier élément il exifte des courans différens à des profondeurs différentes. On en connoît plufieurs exemples, & on en a trouvé entr'autres, dans le détroit de Gibraltar deux abfolument contraires placés l'un au-deffus de l'autre, & de l'exiftence defquels on s'eft affuré par des moyens très-ingénieux.

Il eft également certain que la même différence entre les courans à des profondeurs différentes, exifte dans l'air, & il eft même impoffible que la chofe foit autrement, puifque dans tout fluide, qui par fa nature tend au niveau, & à fe mettre en équilibre avec lui-même, il faut bien que des courans affluans viennent perpétuellement remplacer le fluide qui eft emporté par un autre courant.

Au refte, tous les phyficiens qui ont écrit fur les vents, font d'accord en ce point. Il n'en eft aucun qui ne tâche de deviner quels font les vents qui régnent le plus conftamment à différentes hauteurs dans les différentes

régions de la terre , & qui ne s'efforce d'ap‑
puyer fon opinion fur des raifons plus ou moins
plaufibles.

On a d'ailleurs tous les jours fous les yeux
des exemples de ce phénomène. Il eft très‑
commun de voir des nuages élevés à différen‑
tes hauteurs , aller dans des fens différens.
On voit fouvent les girouettes indiquer un
courant dans l'air , & la direction du mou‑
vement des nuées en indiquér un autre ,
& il ne faut même que faire attention à ce,
qui fe paffe dans un jardin dans lequel on
brûle des feuilles , pour obferver quelquefois
trois vents différens à des hauteurs diffé‑
rentes., & qui font indiqués par les direc‑
tions diverfes de la fumée des feuilles , des
girouettes & des nuées.

D'après ces réflexions & ces exemples , on
ne peut guère douter qu'en s'élèvant à diffé‑
rentes hauteurs , on ne trouvât quelque part
des vents favorables & propres à faire par‑
venir au terme que l'on fe feroit propofé , &
comme on a d'ailleurs des moyens de monter
& de defcendre à volonté très-faciles , la
force du vent & la puiffance qu'il exerce fur

les Machines aéroftatiques , loin d'être toujours un obftacle , paroît plutôt devoir devenir un jour un fecours affuré dans la navigation qui nous occupe.

S'il arrivoit cependant quelquefois que dans
les diverfes hauteurs , auxquelles on fe porteroit , il ne fe trouvât pas un vent affez favorable pour qu'on voulût fe laiffer guider
par lui & fuivre précifément fa direction , outre qu'on pourroit alors , ainfi que nous l'a-
vons dit précédemment , louvoier par le
moyen de fes rames & parvenir ainfi, quoique
plus lentement , à fon but , il exifte encore
dans ce cas une autre reffource auffi fûre &
plus commode que nous allons indiquer.

Entre deux courans d'un fluide , l'un fupérieur & l'autre inférieur , qui ont des directions différentes , il fe trouve toujours une
couche plus ou moins large de ce fluide , qui
ne participe ni de l'une ni de l'autre des directions de ces courans , & qui eft abfolument
tranquille. C'eft une loi qu'on a vu conftamment obfervée dans la mer entre les courans
fupérieurs & inférieurs qu'on y a reconnus,
& qu'on auroit pu vérifier avec encore plus

de

de facilité entre les courans supérieurs & inférieurs de l'air, si l'on avoit eu quelqu'intérêt
à s'en assurer.

Je me rappelle à ce sujet, que dans un mémoire excellent, relatif à l'électricité, que lut
le docteur Franklin à une rentrée de l'académie des sciences, cet homme célèbre à tant
de titres, indiqua une expérience qu'il avoit
faite, & qui a un rapport immédiat à l'objet
dont il est ici question.

Il y parloit, à ce qu'il me semble, de
deux chambres, dans l'une desquelles l'air
étoit plus échauffé que dans l'autre, & entre
lesquelles on ouvrit une porte de communication; on plaça dans l'ouverture de cette porte
trois bougies allumées une au haut, une autre
au bas & la troisième au milieu de la hauteur
de l'ouverture. On vit aussi-tôt s'établir deux
courans d'air, l'un supérieur & l'autre inférieur, qui avoient des directions opposées.
L'air de la chambre la plus échauffée passoit
dans la chambre la plus froide par le haut de
l'ouverture de la porte, & chassoit la flamme
de la bougie la plus élevée du côté de la chambre la plus froide. L'air de la chambre la plus

K

froide au contraire, paſſoit dans la chambre
la plus chaude par le bas de cette ouverture,
& pouſſoit la flamme de la bougie la plus baſſe
du côté de la chambre la plus chaude, tandis
que la flamme de la bougie qui étoit au milieu
de la hauteur de l'ouverture, reſta abſolument
tranquille.

Ce qui ſe paſſe en petit dans cette jolie expérience, doit néceſſairement arriver en
grand dans tout fluide, dans lequel il exiſte
deux courans, dont l'un eſt ſupérieur à l'autre, & qui ont des directions oppoſées, parce que la couche ſupérieure du courant inférieur, faiſant effort pour pouſſer la couche
inférieure de la zone qui ſe trouve entre ces
courans dans le ſens de ſa direction, tandis
que la couche inférieure du courant ſupérieur
fait effort pour pouſſer la couche ſupérieure
de la zone mitoyenne en ſens contraire; le
repos abſolu de cette zone doit être le réſul-
tat de ces deux forces égales & oppoſées.

Il exiſte donc toujours dans l'air, ainſi que
dans tout fluide, une zone tranquille entre
deux courans oppoſés, dont l'un eſt ſupérieur à l'autre, & c'eſt dans cette zone tran-

quille que je propofe de faire agir les rames &
de pourfuivre ainfi fa route , fi le vent fupérieur ni le vent inférieur ne conduifoient pas
directement au lieu où l'on a deffein d'aller.

Il fe préfente encore an moyen de faire
ufage du vent pour diriger les Machines aéroftatiques , que je ne hafarde ici qu'en trem-
blant , parce que l'envie extrême que j'ai que
cette lettre ait l'avantage de paroître avec votre ouvrage , me prive du tems néceffaire
pour l'examiner.

Quoiqu'il foit bien difficile de concevoir
qu'on pût adapter au bateau ou au Globe des
voiles qui fuffent affez légères pour ne pas
trop charger la Machine , & pour pouvoir être
commodément manœuvrées, & qui fuffent cependant affez fortes & affez étendues pour
gouverner une Machine aéroftatique , & furmonter la puiffance que le vent doit exercer
fur elle , l'art ne pourroit-il pas venir à bout
d'en faire qui puffent au moins aider , ou contrarier , ou modifier l'effet que la puiffance
du vent fur la Machine lui donne fur le bateau ?

K ij

Qùoi qu'il en foit, au refte, de la poffibilité de ce dernier moyen de faire fervir là
force du vent à la direction des Machines
aéroftatiques, il réfulte toujours des confidérations précédentes, que lorfque l'expérience
aura donné des connoiffances plus exactes &
plus détaillées fur les différens courans de
l'air, & qu'elle aura raffuré l'imagination des
hommes fur les dangers qui pourront effrayer
les premiers navigateurs de cette efpèce,
alors il eft plus que vraifemblable qu'ils auront à choifir, ou de naviger dans une zone
abfolument tranquille par le moyen des rames, ou de chercher à diverfes hauteurs un
vent qui les conduife au terme où ils ont deffein d'aller.

Mais cette navigation dont l'idée feule al-
larme tant l'imagination, feroit-elle en effet
auffi dangereufe qu'elle le femble d'abord ?
Je ne le crois pas, & je fuis même per-
fuadé qu'avec quelque prudence la navigation dans l'air feroit tout au plus auffi dangereufe que fur la mer; il y a mille dangers
qu'on court fur mer, dont les navigateurs de
l'air feroient exempts, & il y en a peu de

ceux qu'on pourroit courir dans l'air, qui
n'ayent également lieu sur mer.

Dans la navigation aërienne, on n'auroit
à craindre ni bas fonds ni écueils, ou au moins
feroient-ils bien plus connus, bien plus faciles
à appercevoir & bien moins dangereux, puisque si on échouoit pendant une nuit obscure
sur le penchant de quelque haute montagne,
la Machine qui vous soutiendroit à la hauteur
où elle auroit rencontré la montagne, vous
empêcheroit de tomber dans les précipices
qui pourroient s'y rencontrer, & vous donneroit le tems de vous élever plus haut que
la montagne elle-même.

Il résulte des expériences de Versailles &
du Champ de Mars, qu'avec le vent le plus
foible, les Machines aéroftatiques parcour-
roient un espace horizontal de cent cinquante-
six lieues en un jour. Cette vitesse est au
moins quadruple de celle que le même vent
donneroit à un vaisseau sur la mer, & en
diminuant le tems des voyages, elle abré-
geroit aussi la durée des périls auxquels ils
pourroient exposer.

Comme cette navigation seroit peu d'u-

fage pour paffer par-deffus de grands efpa-
ces occupés par la mer , on auroit bien plus
de facilité pour faire de fréquens relâches,
qu'on ne peut en avoir fur ce dernier élément , & cette facilité peut faire éviter bien
des dangers auxquels on eft obligé de refter
expofé fur la mer , & procurer bien des
commodités, dont il faut fe priver dans la
navigation maritime.

S'il arrive que le fond du bateau vienne
à fe disjoindre & laiffe quelque paffage à
l'air , outre qu'on peut alors faire ufage des
pompes , comme on le pratique fur mer
quand le vaiffeau fait quelque voie d'eau ,
on peut encore chercher & corriger ce défaut très à fon aife , & l'on n'eft point gêné
dans l'air pour cette opération, comme les
plongeurs le font dans l'eau.

Enfin , fi la Machine elle-même fe déchire
au point de ne pouvoir être raccommodée en
navigeant , ce qui peut arriver alors de plus
fâcheux du plus grave des accidens , fe réduit pourtant à tomber doucement comme
a fait la Machine de Verfailles, & le rai-
fonnement fert à confirmer qu'une chûte de

ce genre ne peut être violente , ni par conféquent dangereufe , parce qu'en proportion
du gaz qu'elle perd , la Machine fe met en
équilibre avec la couche d'air plus pefante,
dans laquelle elle defcend , & que recom-
mençant ainfi à chaque inftant une nouvelle chûte , fa defcente ne peut jamais être
accélérée ; & tel eft encore ,en ceci l'avantage immenfe de la navigation aërienne fur
la maritime , que la chûte au fond de l'é-
lément qui nous foutient , n'eft dans l'une
qu'un inconvénient très-léger , tandis que
dans la navigation maritime un pareil mal-
heur eft toujours fuivi d'une mort inévita-
ble (1).

L'expérience pourra quelque jour confirmer ce que j'ofe prédire , & prouver combien feront peu confidérables les dangers

_____

(1) On prétend que pour 1100000 livres on pourroit faire une Machine aéroftatique capable d'enlever un poids auffi confidérable que celui dont étoit
chargé *la Ville de Paris.* Si cela eft vrai , une
pareille machine ne coûteroit donc guere plus que
n'avoit couté ce beau vaiffeau , & ne pourroit affurément avoir un fort plus funefte.

de cette navigation, quand on s'y fera fuffifamment exercé : mais je n'en penfe pas
moins qu'il eft néceffaire d'ufer des plus
grandes précautions dans les premiers effais
qu'on en tentera , & qu'avant d'abandonner à eux-mêmes des hommes avec de femblables machines , il faut s'être affuré par
des épreuves réitérées , qu'ils font parfaitement en état de les diriger , & fur-tout
de les faire defcendre précifément à la place
où ils veulent ; autrement les chûtes, quoique douces & lentes , pourroient encore
être dangereufes , puifque quelque doucement que des hommes tombaffent , par
exemple, fur un clocher, fur le toit d'une
maifon, fur un grand arbre ou dans une
rivière, il feroit à craindre qu'ils ne fe
bleffaffent ou même qu'ils ne périffent. Il
fera donc effentiel dans les premières ten-
tatives de ne lâcher la Machine qu'au bout
d'une corde affez forte pour la retenir &
la diriger, fi l'on s'appercevoit que les hommes qu'elle porteroit n'en fuffent pas abfolument les maîtres, & de ne pas oublier
qu'on mène les enfans à la lifière avant de

les livrer à leurs propres forces, & que cet art eſt aſſez près de ſa naiſſance, pour qu'on doive le regarder comme étant encore dans la première enfance.

Mais enfin, dira-t-on, quand cette navigation pourroit réuſſir juſqu'à un certain point, de quel uſage ſera-t-elle? Ne préférera-t-on pas toujours de voyager par terre ou par eau, & ne doit-on pas par cette raiſon regarder les Machines aéroſtatiques comme une invention ingénieuſe & amuſante plutôt que comme une découverte qui puiſſe jamais être véritablement utile?

Je réponds que je penſe en effet que les tranſports par terre & par eau auront communément la préférence ſur les tranſports par le moyen des Machines aéroſtatiques dans l'uſage ordinaire de la vie, par la raiſon que la voie de la terre ſera toujours en général la plus ſûre, & que l'eau étant à cauſe de ſa peſanteur, capable de ſoutenir de grands poids, ſans qu'il ſoit néceſſaire d'employer aucune Machine, les tranſports par ſon moyen ſeront moins embarraſſans; mais je ſuis malgré cela fort éloigné

de penfer que même fous ce rapport l'invention des Machines aéroftatiques puiffe
être regardée comme indifférente ou inutile.

On ne peut jamais prévoir au moment
qu'une découverte vient d'éclorre, ni tous les
ufages auxquels on pourra un jour l'appliquer (1) , ni à quel degré de perfection elle
pourra être portée ; & celle-ci s'annonce
d'une manière trop brillante & trop impofante , pour ne pas engager tous les amateurs des fciences à réunir leurs efforts
pour la perfectionner.

Qui peut apprécier de quoi la réunion
d'un grand nombre de bons efprits eft capable , & comment en conféquence affurer
que dans un tems plus ou moins éloigné ,

(1) Il y a quarante ans , quand tout ce qu'on connoiffoit de l'électricité fe réduifoit à favoir , qu'en
frottant avec beaucoup de peine & de fatigue un
tube de verre , il devenoit , par ce moyen , capable
d'attirer des corps très - légers ; qui auroit pu prévoir qu'elle ferviroit à préferver du tonnerre & à
guérir l'épilepfie ? & qui peut encore foupçonner
toutes les autres applications qu'on pourra faire de
cet agent invifible répandu dans toute la nature ?

cette manière de tranfporter des hommes
& des fardeaux , ne deviendra pas affez fûre
& affez facile pour mériter en quelques ren-
contres la préférence même fur le tranfport
par terre ?

Je fuppofe qu'on eût à traverfer des déferts
arides , dans lefquels on eût à craindre de
voir périr fes bêtes de fomme , & par conféquent de manquer d'eau & des autres chofes
néceffaires ; ou bien fuppofons que dans les
déferts qu'on auroit à traverfer , on eût à
appréhender d'être enféveli fous des mon-
ceaux de fable que le vent tranfporteroit ;
dans ces deux occafions & dans d'autres femblables , il eft fûr que le tranfport des hommes & des fardeaux , par le moyen des
Machines aéroftatiques , pour peu qu'il eût
acquis quelque degré de perfection , feroit
préférable à des tranfports par terre auffi
dangereux.

On fent encore qu'à mefure que l'ufage
des Machines aéroftatiques fe perfectionne-
roit , & felon le degré de perfection qu'il
pourroit atteindre , il devroit fuppléer des
tranfports par terre de moins en moins

dangereux , & qui ne feroient même que
très-embarraffans & très-difficiles. Si dans
quelque voyage extraordinaire,on étoit obligé
de paffer par des pays où la pefte fit de grands
ravages , ou par des contrées dont les habitans fuffent féroces & intraitables , un degré
de perfection de plus dans les transports par
le moyen des Machines aéroftatiques, les
feroit encore préférer ; elles pourroient même
un jour fe perfectionner au point de fervir
de moyen de communication entre des peu-
ples voifins qui feroient féparés par quelque chaîne de montagnes fi efcarpées qu'elles les priveroient malgré leur proximité ,
de tout autre moyen de commercer entr'eux.
Enfin , il me paroît fi impoffible d'affigner
les bornes de l'induftrie humaine , & les
différens genres auffi bien que les différens
degrés d'utilité qu'on pourra tirer d'une
nouvelle découverte , que ces fpéculations
me femblent abfolument indéterminées , &
pouvoir fournir la carrière la plus vafte à
l'imagination la plus fertile en projets & en
conjectures (1).

(1) On pourroit dans la guerre faire ufage de

Au reste, quand on voudroit suppoſer que jamais ces Machines ne ſeront employées à des voyages ordinaires, au moins ne peut-on guère douter que tous les phyſiciens curieux ne deviennent bientôt d'ardens navigateurs de ce nouvel élément, & ne s'empreſſent de faire uſage de ces Machines, par le moyen ſeul deſquelles ils peuvent acquérir tant de nouvelles connoiſſances.

Peut-on prévoir en effet de combien d'expériences & de découvertes ces Machines ſeront les inſtrumens ? quelles lumières elles pourront donner ſur le baromètre, le thermomètre, l'hygromètre, & ſur-tout ſur l'électricité ? combien elles pourront nous éclairer ſur la formation, la ſuſpenſion & la réſolution des nuages, ainſi que ſur les cauſes de la grêle, de la neige, & de tous les phénomènes dont l'air eſt le théâtre.

Il ſeroit ſans doute impoſſible d'apprécier les progrès que la phyſique a droit d'en

ces Machines en mille occaſions, mais ſur-tout pour faire paſſer au Gouverneur d'une place aſſiégée, quelques avis importans.

attendre. Elles feules peuvent nous apprendre, fi à même hauteur l'air qu'on refpire
fur les hautes montagnes eft femblable à
celui qui en eft éloigné ; enfin elles feules
peuvent nous faire connoître les vents fupérieurs, leurs forces, leurs directions,
leurs périodes & l'étendue des zones qu'ils
occupent, ainfi que celle des zones tranquilles qui féparent ceux qui, étant les uns
au-deffus des autres, ont des directions
différentes ; & ces connoiffances pourront
nous mener à concevoir les caufes des vents
inférieurs qu'il nous eft fi important de ne
pas ignorer.

Encore une fois, quand il feroit vrai
qu'on dût toujours préférer de voyager par
terre ou par eau à l'ufage de ces Machines, au moins quand la terre & l'eau nous
refufent tout paffage, l'air ne doit-il pas
alors être notre reffource, & nous en fournir un lui-même, puifque nous favons maintenant le moyen de l'employer à cet ufage ?

Si l'on eft curieux de connoître toutes
les parties du globe que nous habitons, &
d'atteindre jufqu'à la cîme de ces montagnes

abfolument inacceffibles, fur le fommet defquelles depuis leur première formation, jamais
la trace d'un pas humain n'a été imprimée,
fi nous voulons favoir de quelles fubftances
elles font compofées, & jouir des phénomènes qu'un afpect fi neuf peut nous préfenter ; fi, portant notre ambition encore
plus. loin, & partant du fommet des plus
hautes montagnes, nous voulons nous élever
jufques dans ces régions fublimes où la nature fembloit nous avoir défendu de pénétrer ; fi nous voulons connoître quels progrès y fuit le décroiffement de la pefanteur
de l'air, & fixer même les limites de l'air
refpirable, quel obftacle pourra maintenant
nous en empêcher? & ces nouvelles Machines ne nous fourniffent-elles pas un moyen
d'exécuter aujourd'hui des chofes de la poffibilité defquelles, il y a trois mois, perfonne
au monde ne pouvoit concevoir l'idée ?

Qui fait même ce que l'audace de l'homme
peut entreprendre, & les difficultés qu'il lui
fera toujours impoffible de furmonter.

Parmi les voyageurs qui ont tenté le paffage
par le nord, ou qui ont voulu aller jufqu'au

pole, & qui fe font vus arrêtés par les glaces,
n'y en a-t-il pas eu qui ont projetté de faire
des bâtimens qui puffent voguer fur la glace
même , & d'autres qui ont propofé de faire
de petits bateaux qu'on pût traîner fur les
glaces , & fur lefquels on pût auffi s'embarquer pour traverfer chaque efpace que la mer
laifferoit de libre ?

S'il s'eft trouvé des hommes affez téméraires pour former de femblables projets , pourquoi ne s'en trouveroit-il pas un affez hardi
pour ofer paffer par-deffus les glaces , porté
par une Machine aéroftatique , & tenter ainfi
de pénétrer jufqu'à ce point du globe fi inconnu , & pourtant fi curieux , où tous les
mouvemens céleftes doivent fe montrer fous
des apparences fi différentes de celles fous
lefquelles nous les voyons , & où tous les
phénomènes de l'aimant doivent ceffer ou
prendre des formes fi nouvelles ? Il n'y a
pas 400 lieues à faire pour aller au pole ,
& pour en revenir , en partant du point où
les glaces nous arrêtent ; un vent favorable
pourroit donc y conduire & en ramener en
deux jours , & fi dans ces climats il exiftoit

deux

deux courans d'air l'un au-deſſus de l'autre ;
dont l'un portât vers le pole , & dont l'autre eût une direction oppoſée , où feroit
l'impoſſibilité de voir un jour réuſſir une
tentative qui paroît au premier coup-d'œil
auſſi chimérique (1) ?

Quel que ſoit , au reſte , le ſort de ce dernier projet dont le ſuccès très-douteux peut à
peine être entrevu dans un avenir très-éloi-
gné , il eſt certain qu'outre les ſervices infinis
que ces Machines peuvent rendre à la phyſique , elles peuvent encore fournir les fecours les plus puiſſans & les plus précieux à la
méchanique ; & c'eſt ici que je ſens combien
je dois d'excuſes à MM. de Montgolfier ; de
n'avoir pu , dans mon exergue , exprimer
toute l'importance de leur découverte.

(1) D'après l'expérience tirée du mémoire du
docteur Franklin , déja cité , il eſt en effet très-
vraiſemblable qu'il exiſte un courant d'air ſupérieur ,
allant de l'équateur au pole , & un inférieur allant
du pole à l'équateur. De plus , il y a certainement
un flux & un reflux dans l'air ainſi que dans la mer,
& par conſéquent un mouvement alternatif du pole
à l'équateur & de l'équateur au pole.

L

S'il s'agit , par exemple , de relever un
bâtiment échoué fur la côte , ou même d'en
retirer du fond de la mer un qui auroit été
fubmergé , de quel ufage de grandes Machines aéroftatiques ne feroient - elles pas
en pareil cas ? Si l'on ne jugeoit pas à propos de les employer feules , combien , fans
gêner aucune manœuvre , n'aideroient-elles
pas les autres moyens dont on fait ordinairement ufage dans ces occafions , & combien n'ajouteroient - elles pas à leur effica-
cité (1) ?

(1) Quelqu'un , dont j'ignore le nom , a imaginé
une autre application des Machines aéroftatiques.
Il fuppofe qu'on voulût donner un avis , par la
voie de la mer , le plus promptement poffible ,
& qu'on dépêchât à cet effet un bâtiment très-
léger. Il propofe de faire foutenir une partie confidérable du poids de ce bâtiment par une Machine
aéroftatique ; & il penfe qu'alors le bâtiment tirant
beaucoup moins d'eau , éprouvant ainfi une bien
moindre réfiftance de la part de ce fluide , feroit
fufceptible d'une viteffe beaucoup plus grande.
Cette idée eft fans doute ingénieufe ; je ne fais
cependant fi la Machine aéroftatique ne pourroit
pas contrarier l'effet de la voilure ; mais fi en chan-

C'eſt en de pareilles circonſtances qu'on
ſentiroit le mérite du gaz de MM. de Montgolfier , puiſque lui ſeul peut délivrer de
l'embarras d'amener toutes remplies les
grandes Machines dont on voudroit ſe ſervir,
ſur la place où il faudroit opérer. La promptitude avec laquelle on le produit , & le peu
de frais qu'il coûte , le rendent propre à
être employé ſur-le-champ dans tous les
endroits où l'on peut en avoir beſoin , &
ſa force eſt telle , & la facilité avec laquelle
on le répare , eſt ſi grande , que quand
même les Machines dont on ſe ſerviroit ,
ſeroient trop conſidérables pour pouvoir
être conduites entiéres ſur le lieu où elles
ſeroient néceſſaires , on pourroit les amener
par parties , les rejoindre groſſièrement , à la

geant la forme de pluſieurs Machines aéroſtatiques ,
on pouvoit les faire ſervir elles-mêmes de voiles ,
alors on ne laiſſeroit entrer dans l'eau que la partie du bâtiment néceſſaire, pour lui donner un point
d'appui aſſez ſolide pour qu'il pût manœuvrer de pareilles voiles , & on rendroit ce bâtiment capable
de marcher avec la plus grande viteſſe qu'on puiſſe
obtenir ſur la mer.

hâte , avec des agrafes ou des boutonières ;
& être fûr qu'animées par ce gaz, elles feroient
encore en cet état un effet prodigieux.

On fait combien il eft mal-aifé d'employer
verticalement de très-grandes forces. On
connoît les peines & les dépenfes que coûta
l'obélifque du Vatican , quand on voulut le
relever & le pofer fur fon pied ; & la cé-
lébrité que l'exécution de cotte entreprife
donna à l'artifte qui en avoit été chargé , eft
une preuve de l'extrême difficulté dont on
la croyoit. Combien une grande Machine
aéroftatique bien dirigée , n'auroit-elle pas
abrégé ce travail , & combien , ce qui eft fi
difficile fans leur fecours , paroît-il fimple par
leur moyen !

Mais fi la méchanique trouve tant de
difficultés à employer verticalement de très-
grandes forces , quand il faut les employer
à de très - grandes hauteurs , c'eft alors
qu'elle avoue toute fon impuiffance. Les
voyageurs ne peuvent s'empêcher de témoi-
gner leur étonnement & leur admiration à
la vue des grandes pierres qu'on trouve
vers le haut des pyramides , & les artiftes

eux-mêmes conviennent qu'ils ont peine à concevoir par quels moyens les Egyptiens ont pu porter de si grandes maffes à une telle élévation. Cependant si les Egyptiens avoient connu l'ufage des Machines aéroftatiques perfectionnées , quelle auroit été la difficulté de cette entreprife ? Combien de pierres auffi pefantes que celles des pyramides, une feule grande Machine aéroftatique n'enlèveroit-elle pas à-la-fois ? & quelle comparaifon peut-on faire entre la hauteur des pyramides & celle à laquelle peut s'élever une Machine aéroftatique, puifque, à en juger par les expériences que nous connoiffons , la Machine de Verfailles , celle des trois qui s'eft élevée le moins haut , & qui, avant de commencer à monter , avoit à fa partie fupérieure une fente longue de fept pieds , s'eft cependant portée à une élévation triple de celle de la plus haute des pyramides ?

Au refte , quelque nombreufes & quelque intéreffantes que foient les applications qu'on pourra faire des Machines aéroftatiques aux fciences & aux arts , ce n'eft point par les ufages feuls auxquels on pourra employer ces Machines, que la découverte de MM. de Montgolfier me paroît importante; & les avantages qu'on pourra tirer quelque jour du gaz qu'ils ont imaginé, font peut-être encore plus étonnans.

Enfin, fous quelques rapports qu'on la confidère, l'expérience d'Annonay me paroît être une de ces expériences fondamentales qui reftent à jamais gravées dans la mémoire des hommes, & méritent de faire époque dans l'hiftoire des connoiffances humaines. Loin donc de la regarder comme un fimple amufement, ou d'en faire un fujet de plaifanteries puériles, il me femble que c'eft plutôt avec une reconnoiffance refpectueufe que nous devrions recevoir une découverte qui promet aux hommes tant de connoiffances nouvelles & des fecours auffi puiffans, qui eft digne par fa beauté d'exciter une noble jaloufie chez nos rivaux, & qui fait autant d'honneur à la nation dans le fein de laquelle fes auteurs ont pris naiffance.

LETTRE

De M. BOURGEOIS, à M. FAUJAS DE
SAINT-FOND (1).

J'AI l'honneur, Monfieur, de vous en-
voyer mes obfervations fur le Ballon du
Champ de Mars.

Dimenſions du Ballon.

Diamètre...... 12 p^i· 2 p^o·
Circonférence.... 38 p^i· 3 p^o· 8 l^i·, &c.
Air circulaire.. 116 p^i· 3 p^o· 1 l^i· 6 $p^{oi.quar}$·, &c.
Superficie.... 465 p^i· 0... 6 l^i· 2 $p^{oi.quar}$·, &c.
Solide........ 943 p^i· 0... 6 $l^{i.cub}$·, &c.

(1) M. David Bourgeois joint à la plus grande
modeſtie, des connoiſſances diſtinguées en géométrie & en littérature; il s'occupe, dans ce moment, à compulfer à la bibliothéque du Roi, les
manufcrits & livres anciens, grecs, latins, italiens,
françois, efpagnols, &c., où il eſt queſtion de
différens arts curieux, connus par les anciens. L'on
trouvera, dans l'ouvrage qu'il fe propofe de publier à ce fujet, tout ce qui a été écrit fur l'art de
voler; fur celui de conſtruire des automates, &c.

L'air déplacé par le folide, étant évalué fur le baromètre, qui marquoit au moment du départ du Ballon, 28 pouces 1 ½ lig. produifant 782 grains le pied cube, auroit pefé 80 liv. 1 once, 4 gros, 27 grains, fi le Ballon avoit été rempli entièrement. Il ne l'a pas été, & il ne devoit pas l'être. Une circonftance imprévue a privé d'employer les moyens qui auroient pu donner une approximation fatisfaifante du vuide. Il a été préfumé de ¼, de $\frac{1}{15}$, ou de $\frac{1}{11}$.

Cette incertitude oblige de faire trois fuppofitions pour l'évaluation de l'air déplacé & celle de l'air inflammable ; car l'augmentation du vuide diminue le déplacement. On le confidérera donc égal à 74, ou à 72, ou à 70.

La force d'afcenfion du Ballon étoit, lorfqu'il a été livré à l'air, de 35 liv. Elle étoit conféquemment à l'air déplacé dans le rapport de 35 à 74, ou de 35 à 72, ou de 1 à 2.

La détermination de la légéreté de l'air inflammable eft foumife à ces trois fuppofitions, dans cette forme :

Poids du Ballon vuide 25, ou 25, ou 25 liv.
Force d'afcenfion... 35 .... 35 35

Poids de l'air inflam-

mable contenu dans

le Ballon . . . . 14 , ou 12, ou 10 liv.

Air déplacé . . . . 74. . . . 72. . . . 70 liv.

L'air inflammable aura donc été à l'air atmofphérique, dans le rapport de 1 à $5\frac{2}{7}$, ou de 1 à 6 , ou de 1 à 7.

La faute commife par l'intromiffion de l'air atmofphérique dans le Ballon avant fon départ , ne dérange point ces apperçus ; car , en déplaçant extérieurement cet air , il le remplaçoit intérieurement. Il y causoit une compreffion nuifible à l'enveloppe du Ballon , fans y produire aucun bon effet.

Il n'en eft pas de même d'une autre faute commife en introduifant dans le Ballon une trop grande quantité d'air inflammable ; elle a eu fon effet en accélérant l'afcenfion , fans rien ajouter à la preuve qu'on vouloit obtenir de la découverte de MM. de Montgolfier , qui étoit le but unique de cette première expérience ; mais elle a nui en rendant les obfervations de cette afcenfion plus difficiles à apprécier. Elle a enlevé trop tôt le Ballon aux yeux des Spectateurs, qui en auroient joui par l'événement du tems , depuis l'inftant du départ jufqu'à celui de la feconde difparition , parce que le nuage chargé de pluie qui l'a couvert momentanément, auroit été porté plus loin dans l'intervalle de l'élévation moins prompte , & le Ballon feroit entré plus tard dans le dernier nuage. Cette introduction trop outrée d'air inflammable a eu encore l'inconvénient d'augmenter le degré de force expanfive de cet air qui , n'ayant plus que très-peu de réaction fur lui-même , s'eft porté avec violence contre les parois du Ballon , & s'y eft pratiqué une ouverture.

Sans ces deux fautes , & en fe bornant à une force d'afcenfion de 24 liv. , la liberté de la réaction dans le Ballon auroit été de ⅓, & l'air déplacé réduit à 54 liv. , la force d'afcen-fion auroit été à cet air dans le rapport de 4 à 9. Le Ballon auroit pu s'élever dans cette fuppofition à 2200 toifes environ , & dans l'état forcé où il a été mis , fi la fracture n'a été produite qu'après fa plus haute afcenfion , elle aura pu être à 2500 , ou à 2600 toifes.

Le calcul de ces élévations eft conjectural & point pofitif. La connoiffance de l'augmen-

tation de la raréfaction de l'atmofphère dans
la progreffion de fon éloignement de la terre,
de même que de toutes les circonftances qui
peuvent y caufer des variations, eft impar-
faite.

Les Ballons aéroftatiques nous procureront
de meilleures inftructions. On ne pouvoit
avant leur découverte, pénétrer l'atmofphère
qu'en graviffant les hautes montagnes ; les
vapeurs s'y élèvent encore, quoiqu'en quantité moindre, & ces vapeurs apportent plus
ou moins de différence à l'état vrai de l'air libre, fuivant la nature du fol dont elles éma-
nent.

Il ne faut pas omettre d'obferver encore
que les points auxquels les élévations font
évaluées ci-deffus, font ceux où l'équilibre eft
préfumé s'établir entre la pefanteur du Ballon
& celle de l'air environnant. Or, il eft probable qu'il aura pu s'élever plus haut, parce
qu'il aura eu dans ce moment-là une force de
libration qui l'y aura lancé. Faudra-t-il appliquer ici les loix de la chûte des corps graves,
quoique la raifon de l'afcenfion étant produite par la différence des pefanteurs fpécifi-

ques & réciproques , & diminuée par la réfiftance de l'air , cette raifon décroiffe de plus
en plus à mefure que le corps léger s'approche
du lieu de l'équilibre ? Que reftera-t-il de
force , lorfque cette raifon décroiffante fera
éteinte ? Quel efpace ce refte fera-t-il parcourir , étant combattu par une double raifon
de légéreté & de réfiftance croiffante , qui dé-
primera le corps afcendant , & le fera retom-
ber au-deffous de l'équilibre ? Ce jeu des of-
cillations fe répétera fans doute un grand nombre de fois , & le fpectacle en fera très-intéreffant étant obfervé avec le télefcope, ou
avec de bonnes lunettes.

Je fuis , &c.

DAVID BOURGEOIS.

Pl. IV.

Machine Aérostatique de 70 Pieds de hauteur sur 46 de Diametre, qui s'est élevé à Paris, avec deux homme à la hauteur de 324 Pieds le 19. Oct. 1783.

EXPÉRIENCES

Faites à Paris, rue de Montreuil, Faux-
bourg Saint - Antoine, le 19 Octobre
1783, avec une Machine aéroftatique,
qui s'eft élevée avec deux hommes, à la
hauteur de 324 pieds.

QUOIQUE l'expérience de Verfailles eût
été très - fatisfaifante, comme la Machine
dont on fe fervit fut déchirée, par l'effort du gaz, dans la partie fupérieure, ce
qui l'empêcha de s'élever à là hauteur où
elle auroit dû parvenir ; M. de Montgolfier réfolut d'en faire conftruire une feconde plus grande & beaucoup plus folide,
& avec laquelle il fe propofa de faire des
effais propres à perfectionner une découverte dans laquelle l'on ne pouvoit avancer
que lentement & par progreffion.

L'on prit tout le tems & toutes les précautions néceffaires pour la conftruction de
cette Machine, & le 10 du mois d'octobre, elle fut entièrement finie.

Sa forme étoit ovale, sa hauteur de 70.
pieds, son diamètre de 46, & sa capacité
de 60000 pieds cubes ; la partie supérieure
entourée de fleurs-de-lys, étoit ornée des
douze signes du zodiaque en couleur d'or,
le milieu portoit les chiffres du Roi, entre-
mêlés de soleils, & le bas étoit garni de
mascarons, de guirlandes & d'aigles à ailes
déployées, qui paroissoient supporter en volant cette superbe Machine à fond d'azur.

Une galerie circulaire construite en osier,
& revêtue en toiles, sur lesquelles on avoit
peint des draperies & d'autres ornemens,
étoit attachée par une multitude de cordes
au bas de la Machine ; elle avoit environ
trois pieds de largeur ; il y régnoit de droite
& de gauche une balustrade de 3 pieds &
demi de hauteur. Cette galerie ne génoit
ni n'interrompoit en aucune manière l'ouverture d'environ quinze pieds de diamètre qui étoit au bas de la Machine, elle lui
servoit au contraire de prolongement, &
c'étoit au milieu de cette ouverture qu'on
avoit placé un réchaud en fil de fer suspendu par des chaînes, au moyen duquel

les perfonnes qui étoient dans la galerie avec des approvifionnemens de paille, avoient la facilité de développer du gaz à volonté. La planche IV donne une idée beaucoup plus exacte de cet appareil, que tout ce que je pourrois en dire ici.

Cette Machine telle que je viens de la décrire, pefoit au moins feize cens livres.

L'on avoit eu foin d'avertir le Public dans le Journal de Paris, du 11 octobre, que les expériences qu'on fe propofoit de faire, regardoient effentiellement les favans, & que plus elles pouvoient être intéreffantes pour la phyfique, moins elles devoient amufer les perfonnes que la fimple curiofité y attireroit.

Cette précaution avoit paru néceffaire pour fe fouftraire à l'empreffement général, avant qu'on eût pu obtenir quelques réfultats fatisfaifans. Il étoit prudent & utile dans une occafion pareille, de procéder tranquillement & fans trouble avec des gens exercés dans l'art des expériences, car celle-ci devoit naturellement préfenter des difficultés. L'on fait que lorfqu'on n'eft point géné par l'inquiétude du fuccès qui dépend fouvent de la plus légère circonſtance , l'on travaille avec bien plus de confiance; chacun aide de ſes conſeils , & tout le monde étant coopérateur , l'intérêt devient général ; & , loin de porter alors un œil critique ſur les opérations, l'on met une eſpèce d'amour-propre à les voir réuſſir.

Mais cette ſage réſolution ne put avoir lieu que juſqu'à un certain point , dans une ville telle que Paris , où une multitude de confidérations ne permettent pas toujours d'exécuter ce qu'on ſe propoſe de faire.

Dès qu'on ſut donc qu'il étoit queſtion d'expériences, l'on accourut de toute part; & comme l'on ne put d'abord refuſer l'entrée à des perſonnes de haute confidération qui ſe préſentèrent, beaucoup d'autres mirent en œuvre bien des moyens pour être admiſes ; & des eſſais qu'on avoit réſolu de ne faire qu'en comité , devinrent preſque ſur-le-champ des expériences ſolemnelles.

Le mercredi 15 octobre, M. Pilatre de Rozier , qui a donné dans pluſieurs occaſions

fions des preuves de l'intelligence & du courage qu'il porte dans des expériences har-
dies , où il n'a pas craint souvent d'expofer fa vie , ayant déjà fait quelques effais
terre à terre avec la Machine aéroftatique , défira ardemment qu'on l'enlevât ;
s'il étoit poffible , à une grande hauteur :
il fe plaça pour cet objet dans la galerie.
La Machine fut gonflée , elle partit en confervant le plus parfait équilibre , & s'éleva
jufqu'à la longueur des cordes qu'on y avoit
attachées pour la retenir ; c'eft-à-dire jufqu'à 80 pieds de hauteur , & elle y refta
en ftation pendant quatre minutes vingt-
cinq fecondes , fans que M. Pilatre de Rozier éprouvât la plus légère incommodité.

Ce qu'il y eut de très-intéreffant dans
cette expérience , c'eft que l'on fut raffuré
fur un point qui avoit paru inquiéter géné-
ralement tout le monde ; c'eft-à-dire , fur
la manière dont la Machine tomberoit , lorfque le gaz s'affoibliroit ; mais l'on vit clai-
fement , qu'au lieu de tomber , elle defcendoit avec lenteur étant toujours tendue ,
& qu'après avoir touché terre , elle partoit

M

de nouveau & s'élevoit encore à une certaine hauteur , lorfque la perfonne qui
étoit dedans , l'allégeoit en fortant de la
galerie.

Le vendredi 17 , on répéta les mêmes
expériences ; l'empreffement de les voir fut
tel , que l'affluence du monde étoit extrême ;
il étoit difficile de réunir une plus brillante
affemblée ; mais un vent contraire qui s'é-
leva, nuifit au fuccès de ces expériences ; &
quoique M. Pilatre de Rozier fût enlevé
à-peu-près à la même hauteur que le mercredi , la Machine fatiguée par le vent &
par la réfiftance des cordes qui la retenoient , fe foutint moins bien , & ne produifit pas un fi bel effet que dans l'expérience précédente , & c'eft alors qu'on fen-
tit très-bien qu'il eût été à défirer qu'on
fe fût refufé à l'empreffement du public ,
parce qu'il arrive fouvent qu'une expérience
vue par des perfonnes qui y affiftent plutôt
par objet de curiofité que par motif d'inftruc-
tion , & qui voudroient que tout tournât à
leur amufement , & à leur pleine fatisfaction , nuit quelquefois aux progrès d'une

découverte, parce que le Public ne calcule jamais les peines & les soins de toute espèce qu'elle peut avoir coûtés à celui qui en est l'auteur ; mais heureusement que le Dimanche suivant, M. de Montgolfier choisit un beau tems pour faire de nouvelles expériences qui ont constaté de la manière la plus authentique, les progrès graduels, mais rapides de cette Machine , entre les mains de celui qui en étoit l'inventeur.

Première Expérience.

Le 19 octobre, à quatre heures & demie, & en présence de plus de deux mille personnes, la Machine dont on avoit diminué la galerie, fut remplie de gaz en cinq minutes, & M. de Rozier étant placé dans la galerie avec un poids de cent livres dans la partie opposée pour faire équilibre, fut enlevé à la hauteur de 200 pieds; la Machine se soutint six minutes à cette élévation sans feu dans le réchaud.

DEUXIÈME EXPÉRIENCE.

La Machine portant M. Pilâtre de Rozier
avec le contrepoids de cent livres, le feu
étant dans le réchaud, fut enlevée à 250
pieds de hauteur, où elle resta en station
pendant huit minutes & demie ; comme
on la retiroit, un vent d'est la porta sur
une touffe de très - grands arbres dans un
jardin voisin où elle s'embarraffa, sans perdre l'équilibre : l'on renouvella le gaz, &
elle se retira elle-même de ce mauvais pas,
en s'élevant pompeusement dans l'air au
bruit des acclamations publiques. Cette seconde expérience fut très-instructive ; l'on
n'avoit pas manqué de dire que si jamais
une telle Machine tomboit sur une forêt,
elle seroit détruite, & feroit courir les
plus grands dangers à ceux qui seroient
dedans ; cet exemple prouva que la Machine ne *tombe* pas, mais qu'elle *descend ;*
qu'elle ne se renverse pas, qu'elle ne se
détruit pas sur les arbres ; qu'elle ne fait
périr ni souffrir les voyageurs qu'elle porte ;
qu'au contraire ces derniers, en produisant

du nouveau gaz, lui donnent les moyens
de se tirer d'embarras, & qu'elle peut; re-
prendre sa route malgré un événement pareil.

M. de Rozier donna encore un exemple
de la facilité qu'il y a de descendre & de
remonter à volonté ; car la Machine étant
parvenue à plus de 200 pieds, elle descendit lentement ; & comme elle appro-
choit de terre, M. de Rozier produisit très-
adroitement & très-à-propos du gaz, &
elle repartit subitement pour regagner sa
première place.

TROISIÈME EXPÉRIENCE.

La Machine partit avec M. de Rozier
& un compagnon de voyage, *M. Giroud de
Villette* ; & comme l'on avoit allongé les
cordes, elle s'éleva jusqu'à la hauteur de
324 pieds, & elle y resta dans le plus parfait équilibre au moins neuf minutes ; c'é-
toit un spectacle bien extraordinaire que
celui de voir pour la première fois des hom-

M iij

mes portés à cette élévation , & s'y foutenir fans danger & fans inquiétude.

La Machine étoit d'un fuperbe effet à
cette hauteur ; elle dominoit fur Paris , &
elle étoit vue de tous les environs ; fa
grandeur ne paroiffoit pas avoir diminué aux
yeux des fpectateurs placés dans le lieu où
fe faifoit l'expérience ; mais les hommes
étoient à peine vifibles : l'on diftinguoit
avec des lunettes M. de Rozier occupé à
produire du gaz avec autant d'intelligence
que d'ardeur.

Lorfque la Machine fut redefcendue ,
ces Meffieurs affurèrent qu'ils n'avoient pas
éprouvé la plus légère incommodité ; ils re-
çurent les juftes applaudiffemens que leur
zèle & leur courage leur avoit mérités ; &
M. *le marquis d'Arlandes*, major d'infan-
terie , prit enfuite la place de M. *Giroud
de Villette*, & fut enlevé avec M. Pilatre
de Rozier. Cette dernière expérience eut
le même fuccès que la précédente : il eft
certain que fi la Machine n'eût pas été retenue , elle auroit été portée au moins à
douze cens toifes d'élévation.

Voilà donc des faits à l'abri de toute
critique, qui prouvent que des hommes peuvent être enlevés à une affez grande hauteur fans danger, par un moyen inconnu
jufqu'alors, & qui conftatent les fuccès pro-
greffifs des expériences faites par M. de
Montgolfier; c'eft là fans doute la meilleure réponfe qu'on puiffe faire aux détrac-
teurs de cette étonnante Machine, dont
la perfection fera peut-être portée au-delà
de nos efpérances, fi quelques jours des
Souverains veulent s'en occuper beaucoup
plus en grand, & fur-tout s'ils mettent
de la conftance dans leurs recherches; &
s'ils ne fe laiffent pas rebuter par les difficultés qu'il faudra vaincre avant de parvenir
à la manœuvrer à volonté. Il faut faire attention fur-tout qu'il y a bien moins loin
de la Machine aéroftatique actuelle, qui
porte dans ce moment des hommes, à une
Machine qui en porteroit un grand nombre, qu'il y en a du fimple canot d'un
Sauvage, à un vaiffeau de cent pièces de
canons qui fe joue de l'effort des vagues,
& qui peut traverfer impunément les mers
en voyageant d'un pôle à l'autre

LETTRE

*De M. de Montgolfier, à M. Fau-
jas de Saint-Fond.*

Paris, le 20 Octobre 1783.

MONSIEUR, il me semble vous avoir
entendu projetter de donner au Journal un
précis des expériences que j'ai faites la se-
maine dernière. Une observation qui sans
doute, ne vous a pas échappé, mais qui a
besoin d'être présentée à la plupart des
personnes qui ne jugent que d'après leurs
yeux, est que dans les expériences précédentes, sur-tout celle du vendredi, il faisoit un peu de vent, ce qui obligeoit de
contenir la Machine avec des cordages
pour qu'elle ne dérivât pas dans les jardins voisins ou sur les maisons. Il en ré-
sultoit que les cordes devoient faire un angle avec l'horizon, tel que sa hauteur perpendiculaire de la Machine fût à l'éloignement des hommes qui tenoient les corda-

ges, comme la tendance de la Machine à
monter eſt à l'impreſſion que le vent faiſoit ſur elle ; & comme les cordes ont
preſque toujours fait un angle de 45 degrés avec l'horizon, il ſuit qu'environ les
⅞ de la force du vent étoient employés à
repouſſer la Machine en bas. Cet effet devenoit encore plus ſenſible lorſqu'on tiroit
les cordages pour ramener la Machine verticalement au-deſſus de la partie libre du
jardin. Les ⅞ de la force qu'on employoit
à la tirer, réagiſſoient pour la faire deſcendre, en ſorte que cet effort étant au
moins de 5 à 600 livres, il en a dû ré-
ſulter une ſurcharge de 350 à 400, qui
n'eût pas eu lieu ſi la Machine eût été en
liberté.

Ainſi, c'eſt autant à la tranquillité de
l'air, qu'à l'allégement de 100 que j'ai
procuré à la Machine, qu'on doit attribuer
le plein ſuccès de l'expérience d'hier, &
je vous avoue que je n'euſſe pas eſpéré
qu'en ſi peu de tems on pût ſe rendre aſſez
maître de la production du gaz pour venir raſer la terre, & de là ſe relever ſans

y toucher, ainfi que M. de Rozier en eft
venu à bout deux fois de fuite.

––––––––––––––––––––––––––––––––

LA lettre de M. *Giroud de Villette*,
compagnon de voyage de M. de Rozier,
renfermant quelques détails intéreffans, j'ai
cru qu'elle devoit trouver place ici.

––––––––––––––––––––––––––––––––

LETTRE

*De M. GIROUD DE VILLETTE, aux
Auteurs du Journal de Paris.*

Du 28 Octobre 1783.

MESSIEURS, hier 19 du courant,
en qualité d'adjoint de la manufacture royale de M. Réveillon, j'ai obtenu de ces
Meffieurs la permiffion de monter dans la
partie du panier oppofée à celle où étoit M.
Pilatre de Rozier, pour lui fervir de con-
tre-poids ; je me fuis trouvé prefque dans
l'intervalle d'un quart de minute, élevé de

quatre cens pieds de terre , fuivant le rapport qu'on m'en a fait ; nous reftâmes dans
cette pofition dix minutes. Mon premier
foin, Meffieurs , fut d'admirer , à la faveur d'un trou large de quatre pouces, le
phyficien intelligent que j'avois l'honneur
d'accompagner ; fon courage , fon agilité,
fes talens à bien manœuvrer & conduire fon
feu m'enchantèrent. En me retournant je
diftinguai les boulevards depuis la porte
Saint - Antoine jufqu'à celle Saint-Martin ,
tout couverts de monde , qui me paroiffoit
former une plate-bande allongée de fleurs
variées. La rue Saint-Antoine , les jardins
qui nous environnoient me repréfentoient
la même chofe ; enfuite voulant m'occuper
du fujet qui m'avoit engagé à faire ce voyage , je promenai ma vue dans le lointain ;
d'abord je vis la butte Montmartre , qui
me fembloit être de moitié plus baffe que
notre niveau ; je découvris facilement ,
Neuilli , Saint - Cloud , Sève , Iffy , Ivry ,
Charenton , Choify , & peut-être Corbeil ,
que le léger brouillard m'a empêché de
diftinguer ; dès l'inftant je fus convaincu que

cette Machine peu difpendieufe, feroit très-
utile dans une armée pour découvrir la
pofition de celle de fon ennemi, fes manœuvres, fes marches, fes difpofitions, &
les annoncer par des fignaux aux troupes
alliées de la Machine. Je crois qu'en mer,
il eft également poffible, avec des précautions, de fe fervir de cette Machine. Voilà, Meffieurs, une utilité inconteftable,
que le tems nous perfectionnera ; tout mon
regret eft de n'avoir pas penfé à me munir
d'une lunette d'approche.

M. SAGE ayant bien voulu me commu-
niquer une lettre qui vient de lui être adreffée de S. Pétersbourg par un favant, que
le grand-duc de Ruffie a chargé de répéter
l'expérience de M. de Montgolfier, j'ai
cru que cette lettre feroit accueillie avec
d'autant plus d'intérêt, qu'elle nous apprend
qu'un prince diftingué par fes connoiffances
daigne s'en occuper, & que le célèbre
Léonard Euler, que la mort vient d'enle-

ver aux fciences, avoit fenti le mérite de
cette découverte, & en avoit fait l'objet
de fes derniers calculs.

L E T T R E

*Écrite de S. Petersbourg, par M. ROME,
à M. SAGE, de l'Académie Royale
des Sciences.*

à S. Pétersbourg, ce 4 Octobre 1783.

MONSIEUR, j'ai eu l'honneur de
vous écrire dernièrement au fujet du Globe
aéroftatique, de M. de Montgolfier; c'eft
pour le même objet que je vous écris encore aujourd'hui. Cette expérience d'une
fimplicité dont tout le monde faifit le principe, & dont le réfultat eft des plus étonnant, méritoit l'accueil le plus général. Ici
toutes les bonnes têtes s'en occupent. Le
fameux géomètre Léonard Euler en a fait
l'objet de fes derniers calculs; il y a vu
un beau problème de méchanique à réfoudre, & il a trouvé qu'un grand Globe de
100 pieds devoit s'élever avec une vîteffe

de 41 pieds par feconde. En attendant
que les phyficiens en faffent des applications utiles, on s'empreffe de toutes parts
de répéter l'expérience d'Annonay ; Monfeigneur le grand-duc a le plus vif défir
qu'elle fe faffe fous fes yeux. Je fuis chargé
de m'en occuper; mais j'avoue que pour
l'entreprendre, il me faut des renfeigne-
mens plus étendus & plus fidèles, que ceux
que donnent les feuilles publiques qui font
remplies d'inexactitudes monftrueufes.

Je m'adreffe à vous, Monfieur, pour
avoir des détails qui m'éclairent fur tout
ce qui regarde la conftruction & la manipulation de ce Ballon. Votre zèle à répandre tout ce qui mérite de l'être, me répond de l'accueil que vous accorderez à
mes queftions, auxquelles je vous prie d'intéreffer, par vos recommandations, M.
Faujas de Saint-Fond, & ceux de Meffieurs
vos confrères qui voudront bien donner de
pareils détails fur le Globe de 70 pieds.
Ce qui m'intrigue le plus, eft de favoir
comment & de quel corps on s'eft procuré une quantité auffi énorme d'air in-

flammable ; comment on l'a introduit avec le
moins de mélange poffible , dans le Globe?
Comment a-t-on chaffé l'air commun pour lui
faire place ? Connoît-on enfin le procédé
de diffoudre la gomme élaftique ? Je vous
demande inftamment de me donner fur cet
objet , tout ce que vous aurez appris , &
fur - tout d'y joindre vos obfervations ;
elles me feront précieufes pour répéter
cette expérience. J'ignore auffi fi la car-
caffe eft à demeure fous l'enveloppe du
Ballon , & fi en s'élevant, il doit entraî-
ner avec lui toute cette charpente intérieure : j'ignore les précautions qu'on a
prifes pour garantir de tout accident, jufqu'à l'inftant de l'élévation, ce Globe dé-
licat.

Cette lettre vous fera envoyée par le
prince Bariatinski , miniftre de Ruffie à
Paris. La célérité eft une des demandes les
plus effentielles. Je vous prie d'y avoir
égard , autant que vous le permettront vos
nombreufes occupations.

S'il exifte quelques defcriptions impri-
mées de cette expérience, je vous prie de

l'indiquer à ceux de mes amis à Paris ,
qui vous iront voir pour cet objet, & que
je recommande à vos bontés.

LETTRE

De M. PILATRE DE ROZIER, *·Chef
du premier Mufée autorifé par le Gou-
vernement , fous la protection de* MON-
SIEUR *&* de MADAME, *à·
M.* FAUJAS DE SAINT-FOND.

MONSIEUR, confulté à chaque inftant fur le prix & les proportions d'une
Machine aéroftatique , je prends le parti
de vous adreffer des obfervations qui de-
viendront , peut - être , de quelqu'utilité
aux Amateurs qui attendent l'ouvrage intéreffant que vous projettez. Heureux , Monfieur , fi le defir de répondre à vos vues ,
peut vous convaincre des fentimens très-
diftingués , avec lefquels j'ai l'honneur d'ê-
tre , &c.

PILATRE DE ROZIER.

Au premier Mufée , ce 28 *Septembre* 1783·

LE

V O I C I les détails curieux d'une expérience faite à Lyon par M. de Montgolfier l'aîné ; je m'empreffe de les faire connoître, avec d'autant plus de plaifir, qu'ils préfentent un moyen très-ingénieux pour alimenter le feu des Machines aéroftatiques. L'on verra d'ailleurs avec intérêt, que la Machine enlevée à Lyon, ayant trouvé dans la région des nuages un vent de nord, fuivit pendant quelque tems cette direction ; mais que fa force d'afcenfion lui ayant permis de traverfer ce courant, elle en rencontra un fecond au-deffus, qui la porta dans un autre fens ; obfervation qui peut fervir à répandre un grand jour fur la navigation aërienne, fi l'on parvient jamais à voyager avec les Machines aéroftatiques.

Au refte, M. de Montgolfier l'aîné, étant chargé de préfider à de nouvelles expériences, qui doivent être faites à Lyon avec une Machine aéroftatique de cent pieds de diamètre, il eft à préfumer qu'on en obtien-

dra des réfultats qui tendront à accélérer de
plus en plus les progrès de cette belle découverte. Je m'emprefferai de faire connoître les détails de cette expérience, ainfi que
de toutes celles qu'on fe propofe d'exécuter
à Paris, à Londres, à Pétersbourg & en
Italie; des correfpondans éclairés ont bien
voulu me promettre de m'inftruire avec
exactitude fur tout ce qui fera fait à ce fujet, & je ne perdrai pas un inftant moi-
même pour en faire jouir le Public, par un
fupplément qui fervira de fuite à cet Ouvrage.

EXPÉRIENCE

*Faite à Lyon, chez M. l'Intendant, par
M. DE MONTGOLFIER l'aîné.*

LA Machine enlevée chez M. l'Intendant
de Lyon, étoit conftruite en fimple papier;
fa forme étoit celle de deux pyramides qua-
drangulaires tronquées, réunies par leur bafe,
qui avoit huit pieds de côté; les fommets

tronqués en avoient quatre , & l'axe commun
huit ; ce qui ne formoit qu'une contenance
de 300 pieds cubes tout au plus.

La réunion des bases étoit affujettie par
quelques languettes de bois de huit pieds de
long , & l'ouverture inférieure par quatre
de quatre pieds.

Quatre gros fils de fer , partant des quatre angles de l'ouverture inférieure , se réu-
niffoient au milieu , pour y fupporter un cylindre de fil de fer , d'un pied de long &
fix pouces de diamètre.

Après avoir chargé la Machine de gaz ,
par le moyen du feu , le cylindre fut rempli d'un rouleau de trente feuilles de papier
imbibées d'une livre d'huile d'olive , auquel
on mit le feu.

La Machine , s'élevant avec rapidité,
fut portée du côté de la ville ; lorfqu'elle
eût parcouru environ un quart de lieue
dans cette direction , elle se trouva élevée
à la hauteur des nuages , & fut chaffée
comme eux du côté du nord ; continuant
à s'élever , elle obéit au vent d'eft-fud-eft
qui régnoit dans cette région. On la fuivit

quelque tems dans cette direction ; mais
fon diamètre apparent étoit devenu fi petit
qu'il échappoit à la vue des fpectateurs ;
ceux qui avoient l'œil le plus perçant, la
fuivirent encore pendant quelques inftans ,
jufqu'à ce qu'ils la perdirent entièrement ,
22 minutes après fon départ. *Extrait d'une
lettre de M. de Montgolfier.*

LETTRE

*De M. DE SAUSSURE , de Genève , du
25 Novembre 1783 , fur les procédés
de MM. de Montgolfier.*

LES Journaux & les Lettres de mes amis
qui ont vu à Paris & à Lyon les Expériences de MM. Montgolfier , m'ont appris
que ces Meffieurs , pour enlever leur grande
Machine aéroftatique , n'emploient que de
la flamme ; que la nature du corps qui
donne cette flamme eft abfolument indifférente au fuccès de l'Expérience ; qu'il faut
feulement qu'elle foit vive , claire , &

qu'elle pénetre dans l'intérieur de la Machine.

Daprès ces données, j'ai cru pouvoir conclure, que ce n'eſt point à l'air inflammable qu'eſt due l'aſceaſion de ces Machines ; car la flamme confume & décompoſe entiérement cet air ; ou plutôt elle n'eſt elle-même que cet air embraſé dans l'acte de ſa décompoſition. Quelle eſt donc la cauſe de cette aſcenſion ? Eſt-ce la chaleur ſeule de la flamme qui dilatant un air qu'elle réchauffe le rend ſpécifiquement plus léger ? Seroient-ce quelques portions d'air inflammable qui s'échappent ſans ſe conſumer ; ou quelque fluide aériforme inconnu, plus léger que l'air commun qui ſe développeroit dans le moment de la déflagration ?

Pour répondre à ces queſtions par une expérience directe, j'ai pris un Ballon de baudruche d'un pied de diametre, qui s'élevoit très-rapidement en l'air, quand on le rempliſſoit d'air inflammable préparé avec le fer & l'acide vitriolique. Ce Ballon peſoit 137 grains, lorſqu'il étoit plein d'air commun. Mais lorſqu'après l'avoir vuidé, je l'ai

N iij

rempli de nouveau avec de l'air tiré de l'intérieur d'une flamme de paille, il s'est trouvé de 12 grains plus pefant, & ce n'é- toient pas des matieres groffieres, de la fuie par exemple, qui avoient augmenté fon poids; car lorfque j'ai eu fait fortir avec beaucoup de lenteur & de précaution cet air de ce Ballon, que je l'ai enfuite rempli d'air commun & repefé de nouveau, il ne s'eft pas trouvé plus pefant que la premiere fois, ce qui ne feroit pas arrivé fi l'air y avoit entraîné des matieres groffieres qui fe fe- roient dépofées dans le fonds & contre les parois du Ballon.

J'ai varié cette Expérience, tantôt en afpirant l'air de la flamme par un tuyau adapté à l'orifice de la foupape d'un fouf- flet, & le chaffant enfuite dans le Bal- lon par la tuyere de ce même foufflet; tan- tôt en le faifant entrer dans une grande jarre percée qui l'afpiroit par en haut à mefure qu'elle perdoit par en bas l'eau dont elle étoit remplie. Il y a eu quelques dif- férences dans les réfultats des Expériences; cependant l'air tiré de la flamme ne s'eft

jamais trouvé plus léger que l'air commun.
Mais il faut bien obferver que quand on
emploie le foufflet, l'air paffe très - chaud
dans le Ballon , & cet air dilaté par la chaleur paroît de quelques grains plus léger ;
il faut donc attendre pour le pefer qu'il ait
pris la température de l'air extérieur. Au
refte , il ne s'agit point ici d'une extrême
précifion ; car pour que l'air de la flamme
agiffe d'une maniere fenfible dans l'afcenfion
des Machines Aéroftatiques , il faudroit qu'il
fût d'une moitié , ou au moins d'un quart
plus léger que l'air athmofphérique ; mon
petit Ballon , qui renferme environ 400
grains d'air commun , devroit donc fe trouver
de 200 ou de 100 grains plus léger , quand
il eft rempli de l'air de la flamme. Or
quelqu'inexactitude que l'on puiffe fuppo-
fer dans ces Expériences , il eft impoffible
qu'elle aille à la dixieme partie du plus petit
de ces deux nombres.

Puis donc que l'air qui fe dégage de la
flamme eft plus pefant, ou n'eft du moins
pas plus léger que l'air commun, il paroît
bien prouvé que ce n'eft point la légéreté de

cet air qui fait monter les Machines Aéroftatiques ; mais la chaleur de la flamme qui
raréfie l'air renfermé dans ces Machines ,
l'impulfion même de la flamme , & le courant d'air afcendant qui fe forme en dehors
le long des parois de ces Machines lorfqu'elles font réchauffées.

Je n'étois cependant pas encore pleinement
fatisfait ; je defirois de faire monter un Ballon
par l'action de la feule chaleur. J'ai pris
un Ballon de baudruche de 18 pouces de
diametre , fufpendu au plancher par un fil
délié , & ouvert par en bas d'un trou circulaire de 4 pouces. J'ai introduit par cette
ouverture un gros pilon de fer rougi au feu ;
l'air dilaté par la chaleur a fait gonfler le
Ballon : lorfque ce fer a commencé à fe
réfroidir , j'en ai introduit un autre que l'on
tenoit prêt & qui étoit d'un rouge très-vif ;
bientôt le Ballon a commencé à monter ,
& il s'eft élevé tant que j'ai pu le fuivre avec
mon fer rouge , fans le toucher & le brûler.
Ce Ballon ne pefoit que demi-once ; j'avois
eu foin de le deffécher pendant qu'il étoit
bien plein d'air , afin qu'il fe tint un peu

enflé de lui - même lorfqu'il étoit fufpendu
en l'air , & que l'on pût ainfi introduire le
fer rouge fans le toucher.

Je n'entrerai pas , dans de plus grands détails ; je fouhaite feulement que ces Expériences paroiffent propres à contribuer à la
perfection des Machines Aéroftatiques , en
mettant les Phyficiens fur la voie d'apprécier avec exactitude les différens agens que
l'on peut employer pour les mouvoir.

LE BALLON DE HERMEAU
EN NORMANDIE.

EXPERIENCE du 9 Octobre 1783.

L'Heureufe découverte qui immortalifera
MM. de Montgolfier , ayant fait dans les
Provinces une fenfation auffi vive qu'à Paris ,
M. de L... & M. l'Abbé de L... fon frere,
qui avoient été témoins des Expériences du
Champ de Mars & de Verfailles , furent ac-
cablés à leur arrivée en Normandie de mille
queftions différentes fur la forme & la conf-

truction de ces fameux Globes Aéroftatiques & fur la maniere de les lancer. Pour
répondre à la fois à toutes cès queftions par
un feul exemple, ils réfolurent de donner à
leurs voifins le fpectacle de cette brillante
nouveauté. Ils firent eux-mêmes un Ballon
de cinq pieds de circonférence, formé par
des morceaux de boyaux de bœuf, ou peau de
baudruche dont fe fervent les Batteurs d'or,
qu'ils couperent en lofanges de trente pouces de long fur dix de large dans le milieu,
& qu'ils collerent les uns fur les autres avec de
la colle de poiffon. Cette opération exigea
un peu de foin. Ils commencerent d'abord
à affujettir avec de la colle le centre & les
extrémités de deux lofanges, & collerent
enfuite les intervalles. Ils y ajouterent fucceffivement huit lofanges, ce qui fit dix
en tout, & par conféquent cinq pieds de
tour dans tous les fens. Ils réferverent à
une des extrémités des lofanges une ouverture d'environ fix lignes de diametre, & y
adapterent une efpece de col de trois pouces de long & de la même matière, pour
aider à y introduire l'air inflammable. Ils

le remplirent d'abord d'air atmofphérique
avec un foufflet, pour s'affurer s'il ne perdoit pas ; il devint parfaitement rond. Les
jointures des lofanges fe faifant un peu fentir, il avoit exactement l'air d'une orange dé-
pouillée de fa premiere peau. On attacha le col
du Ballon fur le tuyau d'une groffe plume ; on
fit paffer ce tuyau dans un bouchon, & ce bouchon fervit à boucher une bouteille de grès,
qui avoit d'abord été échauffée par degré
pour l'empêcher de caffer, & dans laquelle
on avoit mis deux verres d'eau, un très-grand
verre d'huile de vitriol de la Manufacture de
Honfleur, & un peu plus d'une demi-livre
de limaille d'acier. La fermentation fut fur
le champ très-forte ; l'air inflammable fe
dégagea fi violemment & en fi grande quantité, qu'il entraîna avec lui de l'acide vitriolique dans le Ballon. La perfonne qui le
retenoit par l'extrêmité inférieure eut le
pouce & le doigt brûlés légérement & lâcha
prife. Le Ballon partit de lui-même, &,
quoique ouvert & brûlé, il s'éleva à quatre
ou cinq cens pieds, & fut tomber à trois
quarts de lieue de-là fur un pommier des

herbages de Caffart. On fut l'y chercher ;
on le trouva criblé de petits trous. MM. de L...
jugeant que cet accident avoit été produit
par l'activité de la fermentation, exécuterent
fur le champ un nouveau Ballon de la même
maniere & dans les mêmes proportions ;
mais pour le remplir fans inconvénient,
ils firent faire un tube de cuivre de quatre
lignes de diametre en œuvre, de trois pieds
de long & ayant la forme d'une S ; pour
s'en fervir ; ils le placerent horizontale-

ment dans cette forme

L'extrémité *a* fut introduite dans le bouchon de la bouteille de grès ; le milieu *b*
fut plongé dans un baquet d'eau fraîche,
& auffi-tôt que les premieres vapeurs de la
fermentation commencèrent à fortir en *c*,
on fit entrer cette extrémité du tube dans
le col du Globe, qui fut lié deffus. En
trois minutes, le Ballon fe remplit d'air
inflammable. Quoique très-arrondi, on
voyoit qu'il pouvoit contenir un peu plus
d'air, mais MM. de L... ne jugèrent pas
à propos d'y en faire entrer davantage.

foit pour prévenir le reproche d'avoir été
trop tendu , foit pour l'empêcher de fe
déchirer. Ils tenoient une foie toute prête ,
& en même temps que l'un lioit le col du
Ballon au-deffus de l'extrémité *c* du tube ,
l'autre tiroit ce tube de la bouteille de grès
dans laquelle fe faifoit la fermentation ,
afin de ne pas laiffer l'air inflammable qui
s'en dégageoit fans iffue. On coupa à
l'inftant , avec des cifeaux , le col du Ballon
entre la premiere ligature qui l'affujettiffoit
fur le tube & la feconde faite pour le
fermer ; & le Globe partit de lui-même le
Jeudi 9 Octobre 1783 , à une heure pré-
cife après midi. Cette expérience fe fit fur
la colline du Hermeau , d'où l'on décou-
vroit autour de foi un horizon très-étendu
entre le Château de D... & le Bourg de
Beaumont. Le temps étoit très - beau , le
ciel parfaitement pur , à l'exception de quelques nuages épars qui fe balançoient à une
très - grande hauteur ; le vent fouffloit du
fud-oueft , & il étoit très-modéré. En deux
minutes ce Globe monta à peu près verticalement jufqu'à la hauteur des nuages.

Alors il courut vers l'eſt toujours en s'élevant ; un nuage léger qui paſſa bien au-deſ-
ſous de lui, l'éclipſa un moment, mais
bientôt on le revit vivement éclairé par le
ſoleil. Il paroiſſoit alors comme une étoile
dans la région azurée de l'air, où les perſonnes qui avoient les meilleurs yeux, le
virent encore s'élever ou devenir un point
blanc & diſparoître ſuvrite dans le vague
des cieux aux acclamations de joie & d'admiration d'un grand nombre de Spectateurs.
Pluſieurs curieux reſter juſqu'à trois heures
pour obſerver s'il ne redeſcendroit pas, ce
qui l'auroit rendu viſible, mais aucun ne
l'apperçut ; & à trois heures, le vent, qui
tourna plus à l'oueſt, couvrit l'horizon de
nuages légers, qui ne laiſſerent plus d'eſ-
poir de voir le Ballon. C'eſt peut – être,
de tous ceux qui ont été lancés avant cette
époque, celui qui a été le plus haut & le
plus loin. M. le Comte de N..., qui n'a-
voit point connoiſſance de cette Expérience,
aſſura quelques jours après, en revenant
d'*Orbec*, qu'on y avoit vu le même jour
à quatre heures du ſoir ou environ, un

Ballon très-élevé, mais cependant très-vi-
fible, que le vent portoit plus loin. Ce ne
peut être que celui de D..., puifque tous
les témoins de l'Expérience l'ont vu prendre la route de Lifieux, & par conféquent
celle d'Orbec, qui étoit fu..., même direction. Dans ce cas, en trois ou quatre heures,
ce Globe auroit parcou. rs, baiffce de dix
lieues en ligne droite ... éffate... oint eu de
nouvelles de fa chûte... quoiqu'on eût prié
par un billet, qui y étée attaché, les perfonnes qui en auroient connoiffance, d'en
faire part à M. de L..., & de lui en
marquer l'heure, le lieu & les circonftances.

LE BALLON DU CHATEAU DE LA MUETTE.

Expérience du 21 Novembre 1783.

PROCÈS VERBAL.

AUJOURD'HUI 21 Novembre 1783, au
Château de la Muette, on a procédé à

une expérience de la Machine aéroftatique de M. de Montgolfier.

Le ciel étant couvert de nuages dans plufieurs parties , clair dans d'autres , le vent nord-oueft.

A midi huit minutes ; on a tiré une boîte qui a fervi de fignal pour annoncer qu'on commé s'élét à remplir la Machine. En huit minutre malgré le vent , elle a été développée dans tous les points & prête à partir , M. le marquis *d'Arlandes* & M. *Pilatre de Rozier* font dans la galerie.

La premiere intention étoit de faire enlever la Machine & de la retenir avec des cordes , pour la mettre à l'épreuve , étudier les poids exacts qu'elle pouvoit porter , & voir fi tout étoit convenablement difpofé pour l'expérience importante qu'on aller tenter.

Mais la Machine pouffée par le vent , loin de s'élever verticalement , s'eft dirigée fur une des allées du jardin , & les cordes qui la retenoient , agiffant avec trop de force , ont occafionné plufieurs déchirures , dont une de plus de fix pieds de longueur. La

Machine

Machine ramenée fur l'eftrade , a été réparée
en moins de deux heures.

Ayant été remplie de nouveau, elle eft
partie à une heure 54 minutes , portant les
mêmes perfonnes ; on l'a vue s'élever de
la maniere la plus majeftueufe ; & lorfqu'elle
a été parvenue à environ 250 pieds de hauteur , les intrépides voyageurs , baiffant leurs
chapeaux , ont falué les fpeétateurs. On n'a
pu s'empêcher d'éprouver alors un fentiment
mêlé de crainte & d'admi tion.

Bientôt les navigat aériens ont été
perdus de vue ; mais la chine , planant
fur l'horizon , & été la plus belle forme ,
a monté au moins à trois mille pieds de
hauteur , où elle eft toujours reftée vifible :
elle a traverfé la Seine au deffous de la barriere de la Conférence , & paffant de-là
entre l'Ecole Militaire & l'Hôtel des Invalides , elle a été à portée d'être vue de tout
Paris.

Les voyageurs fatisfaits de cette expérience , & ne voulant pas faire une plus
longue courfe , fe font concertés pour defcendre ; mais s'appercevant que le vent les

O

portoit fur lés maifons de la rue de Sève ;
F. S. G. , ils ont confervé leur fens-froid ,
& développant du gaz , ils fe font élevés de
nouveau , & ont continué leur route en
l'air jufqu'à ce qu'ils aient eu dépaffé Paris.

Ils font defcendus alors tranquillement
dans la campagne , au - delà du nouveau
boulevard , vis-à-vis le moulin de *Croule-
barbe* , fans avoir éprouvé la plus légere
incommodité , ayant encore dans leur galerie les deux tiers de leur approvifionne-
ment ; ils pouvoient donc , s'ils l'euffent
défiré , franchir un efpace triple de celui
qu'ils ont parcouru. Leur route a été de 4
à 5000 toifes , & le temps qu'ils y ont employé , de 20 à 25 minutes.

Cette Machine avoit 70 pieds de hauteur,
46 pieds de diametre : elle contenoit 60000
pieds cubes , & le poids qu'elle a enlevé
étoit d'environ *feize à dix-fept cens livres.*

Fait au Château de la Muette , à cinq
heures du foir. *Signé , le Duc de Polignac ,
le Duc de Guines , le Comte de Polaftron ,
le Comte de Vaudreuil , d'Hunaud , Ben-
jamin Franklin , Faujas de Saint-Fond ,*

Delisle , *Le Roy* , de l'Académie des Sciences.

Après le Procès-verbal de cette Expérience du Globe Aéroftatique de M. de Montgolfier, on ne lira pas fans intérêt les détails de la courfe aérienne des deux perfonnes qui fe font élevées avec la Machine.

Les deux voyageurs avoient raifon de prétendre qu'ils rifqueroient moins, la Machine étant abandonnée , que lorfqu'elle étoit retenue par des cordes. Elle avoit reçu quelques dommages dans les différentes expériences , lorfqu'on lui oppofoit de la réfiftance ; & il fallut beaucoup de courage à ceux qui s'y expoferent , malgré la déchirure qui l'avoit entr'ouverte , & qu'on n'avoit raccommodée qu'imparfaitement. Elle s'éleva pompeufement ; & lorfque les navigateurs aériens firent leurs adieux , tous les fpectateurs eurent un ferrement de cœur, caufé bien plus par la crainte que par l'admiration , au point que quelques femmes fe trouverent mal. Monfeigneur le Dauphin, trop jeune pour éprouver cette fenfation ,

n'en eut qu'une fort agréable ; en voyant le
globe s'élever , il mêla les petits élans de
fa joie & le battement de fes mains aux ap-
plaudiſſemens de tous les aſſiſtans. La Machine
pouſſée par un vent de N. O. , s'éloigna
majeſtueuſement ; elle fut bientôt au-deſſus
de la riviere , vis-à-vis de Chaillot. Là elle
trouva un courant d'air qui la fit monter
juſqu'au milieu du petit Cours. Les intrépides
voyageurs , fâchés de ne pouvoir s'éloigner
de la riviere , & de planer ſi long-temps au-
deſſus d'elle , redoublerent leur feu ; ils
monterent à une plus grande hauteur , où
ils trouverent ſans doute un autre air de
vent , puiſqu'en moins d'une minute , ils
furent reportés au Sud , entre les Invalides
& l'Ecole Militaire , d'où le vent les con-
duiſit ſur Paris. Alors voyant la Machine fort
échauffée , l'un d'eux propoſa de deſcendre ,
l'Expérience étant déja aſſez belle ; ils étoient
en ce moment ſur la rue de Babylone , à
l'un des bouts du fauxbourg S. Germain ;
ils diminuerent leur feu : mais ayant reconnu
qu'ils deſcendroient ſur les maiſons , & qu'ils
étoient même portés en droiture ſur les tours

de S. Sulpice , ils ranimerent leur feu, pour
éviter ce danger , & ils traverferent en 5
à 6 minutes toute cette partie du fauxbourg
S. Germain , & une autre du fauxbourg S.
Jacques , en paffant à côté de l'Obfervatoire.
Cependant la Machine déja féchée par les
Expériences précédentes , & fortement
échauffée par un feu continuel depuis 22
minutes qui la minoit en plufieurs endroits ,
étoit dans une contraction & faifoit entendre
des craquemens , qui déciderent les hardis
navigateurs à modérer leur feu ; & ils alle-
rent defcendre au bout du nouveau boulevard , près de trois moulins , à une portée
de fufil de la Salpétriere.

Le vent ayant indiqué la route que le
Globe tiendroit , on avoit placé des couriers
près des Invalides & fur le nouveau boulevard qui le fuivoient , & arriverent près de
lui , prefqu'au moment de fa chûte. M. le
Duc de Chartres lui-même , ayant paffé le
bac vis-à-vis les Invalides , les avoit fuivi
ventre à terre , & il arriva affez à temps ,
pour être le premier à complimenter les
hardis navigateurs , & à leur faire donner

toutes fortes de foins. Ils n'étoient pas fatigués , mais ils s'étoient fort échauffés pour
gouverner leur feu , & avoient befoin de
changer de linge. Ils n'avoient pas été fi
continuellement occupés dans leur courfe ,
qu'ils n'euffent pu quelquefois confidérer
Paris , & mefurer l'étendue de l'horizon ;
mais ils ne diftinguoient de Paris qu'une
grande maffe de pierres ; l'objet le plus vifible pour eux , que leur réfléchiffoient fans
doute les rayons du foleil , étoit la riviere
qu'ils fuivoient dans fes finuofités , jufqu'à
Pontoife , c'eft-à-dire , auffi loin que leur
vue pouvoit s'étendre. Le vent dirigea ce
Globe de maniere que tout Paris put le voir.
Le nom des deux premiers navigateurs aériens s'affocie naturellement à celui des inventeurs de la Machine , & ils ne doivent
point en être féparés.

LETTRE

De M. le Marquis D'ARLANDES au retour de son voyage aérien.

VOUS le voulez, mon cher ami, &. je me rends d'autant plus volontiers à vos desirs, que par les questions que l'on me fait, par les propos invraisemblables qu'on fait tenir à M. Pilatre & à moi, je sens qu'il est essentiel de fixer l'opinion publique sur le détail de notre Voyage aérien. Quelques personnes pourront être étonnées qu'ayant eu pour compagnon de Voyage un Professeur de Physique, je ne lui laisse pas le soin de le décrire ; mais toute surprise cessera quand on sera instruit que des personnes de la plus haute considération jugeant qu'une derniere Expérience dans laquelle un homme partiroit en liberté , mettroit le sceau à la gloire de M. Montgolfier, vous communiquerent leurs idées ; que je fus chargé d'en pressentir M. Montgolfier ; qu'il

faifit la propofition en homme fage & fûr
de fon fait ; que je ne laiffai pas échapper cette
occafion de le fommer de la parole qu'il m'a-
voit donnée de me laiffer faire une Expérience
en plaine & abandonné. Il y confentit ; je
partis pour la Muette ; je choifis l'emplace-
ment ; j'y mis les ouvriers , & le furlende-
main tout étoit prêt. Ce ne fut que la veille
de l'Expérience , que la prudence , qui di-
rige toutes les démarches de M. Montgolfier,
comme la modeftie couronne tous fes fuccès,
lui fuggéra de me donner un compagnon
de voyage. Il me propofa M. Pilatre de
Rozier ; je l'acceptai avec d'autant plus
d'empreffement , qu'ayant fuivi enfemble
toutes les Expériences qui fe font faites chez
M. Réveillon , je connoiffois parfaitement
fa capacité , fon courage & fon intelligence. J'ai donc été choifi par M. Montgolfier pour conduire cette Expérience. Il
eft permis d'être glorieux de ce choix, &
peu naturel d'imaginer que je puiffe céder
à un autre le droit acquis de publier fes
fuccès. Après ce préambule fans doute trop
long , mais que j'ai cru indifpenfable , je

vais décrire, le mieux que je pourrai, le premier Voyage que des hommes aient tenté avec fuccès à travers un élément qui, juſques à la découverte de MM. Montgolfier, ſembloit ſi peu fait pour les ſupporter.

Nous ſommes partis à 1 heure 54 minutes. La ſituation de la Machine étoit telle que M. Pilatre de Rozier étoit à l'oueſt & moi à l'eſt. L'air de vent étoit à-peu-près nord-oueſt. La Machine, dit le Public, s'eſt élevée avec majeſté ; mais il me ſemble que peu de perſonnes ſe ſont apperçues qu'au moment où elle a dépaſſé les charmilles, elle a fait un demi-tour ſur elle-même. Par ce changement, M. Pilatre s'eſt trouvé en avant de notre direction, & moi par conſéquent en arriere. Je crois qu'il eſt à remarquer que de ce moment juſqu'à celui où nous ſommes arrivés, nous avons conſervé la même poſition, par rapport à la ligne que nous avons parcourue : j'étois furpris du ſilence & du peu de mouvement que notre départ avoit occaſionnés ſur les Spectateurs, je crus qu'étonnés & peut-être effrayés de ce nouveau ſpectacle, ils avoient beſoin d'être

raſſurés. Je ſaluai du bras avec aſſez peu
de ſuccès ; mais ayant tiré mon mouchoir ,
je l'agitai & je m'apperçus alors d'un grand
mouvement dans le Jardin de la Muette.
Il m'a ſemblé que tous les Speétateurs qui
étoient épars dans cette enceinte ſe réuniſ-
ſoient en une ſeule maſſe , & que par un
mouvement involontaire , elle ſe portoit ,
pour nous ſuivre vers le mur qu'elle ſembloit regarder comme le ſeul obſtacle qui
nous ſéparoit. C'eſt dans ce moment que
M. Pilatre me dit , Vous ne faites rien &
nous ne montons guères. Pardon , lui ré-
pondis-je , mais il falloit bien raſſurer ces
malheureux humains que nous laiſſons là-
bas dans une ſituation moins douce que
la nôtre. Je mis une botte de paille , je
remuai un peu le feu , & je me retournai
bien vite , mais je ne pus retrouver la Muette.
Etonné , je jette un regard ſur le cours de
la riviere , je la ſuis de l'œil , enfin j'apperçois le confluent de l'Oiſe. Voilà donc
Conflans , & nommant les autres principaux coudes de la riviere par les noms des
lieux les plus voiſins , je dis : Poiſſy , Saint

Germain, Saint-Denis, Seve, donc je fuis
encore à Paffy ou à Chaillot. En effet, je
regardai par l'intérieur de la Machine, &
j'apperçus fous moi la Vifitation de Chaillot.
M. Pilatre me dit dans ce moment : Voilà
la riviere, & nous baiffons. Eh bien, mon
cher ami, du feu ; & nous travaillâmes.
Mais au lieu de traverfer la riviere, comme
fembloit l'indiquer notre direction, qui
nous portoit fur les Invalides, nous lon-
geâmes l'isle des Cygnes, rentrâmes fur le
principal lit de la riviere, & nous la re-
montâmes jufqu'au deffus de la barriere de
la Conférence. Je dis à mon brave Compagnon : Voilà une riviere qui eft bien difficile à traverfer. Je le crois bien, me répondit-il, vous ne faites rien. ——— C'eft
que je ne fuis pas fi fort que vous, & que
nous fommes bien. Je remuai le réchaud,
je faifis avec ma fourche une botte de paille,
qui fans doute trop ferrée, prenoit diffici-
lement. Je la levai & la fecouai au milieu
de la flamme. L'inftant d'après, je me fentis
comme foulevé par-deffous les aiffelles, &
je dis à mon cher Compagnon, pour cette

fois nous montons. Oui , nous montons , me
répondit-il , forti de l'intérieur , fans doute
pour faire quelques obfervations. Dans cet
inftant , j'entendis vers le haut de la Machine un bruit qui me fit craindre qu'elle
n'eût crevé. Je regardai & je ne vis rien.
Comme j'avois les yeux fixés au haut de
la machine , j'éprouvai une fecouffe , &
c'étoit alors la feule que j'euffe ref-
fentie. La direction du mouvement étoit
de haut en bas ; je dis alors : Que
faites-vous , eft-ce que vous danfez — Je ne
bouge pas. — Tant mieux , dis - je , c'eft
enfin un nouveau courant qui , j'efpere , nous
fortira de la riviere. En effet je me tourne
pour voir où nous étions , & je me trouvai
entre l'Ecole Militaire & les Invalides que
nous avions déjà dépaffés d'environ 400 toifes. M. Pilatre me dit en même-temps , nous
fommes en plaine. Oui , lui dis-je , nous che-
minons. Travaillons , me dit-il , travaillons.
J'entendis un nouveau bruit dans la Machine
que je crus produit par la rupture d'une corde.
Ce nouvel avertiffement me fit examiner avec
attention l'intérieur de notre habitation. Je

vis que la partie qui étoit tournée vers le
fud , étoit remplie de trous ronds , dont plufieurs étoient confidérables. Je dis alors à
mon brave Compagnon , il faut defcendre.--
Pourquoi ? -- Regardez , lui dis-je. En même-
tems je pris mon éponge ; j'éteignis aifément
le peu de feu qui minoit quelques-uns des
trous que je pus atteindre ; mais m'étant
apperçu qu'en appuyant pour effayer fi le bas
de la toile tenoit bien au cercle qui l'entou-
roit , elle s'en détachoit très-facilement , je
répétai à mon brave compagnon , il faut
defcendre. Il regarda fous lui , & me dit ,
nous fommes fur Paris. --- N'importe , lui
dis-je ; mais voyons ! n'y a-t-il aucun danger
pour vous , êtes-vous bien tenu ? -- Oui. --
J'examinai de mon côté & j'apperçus qu'il
n'y avoit rien à craindre. Je fis plus , je
frappai de mon éponge les cordes principales
qui étoient à ma portée. Toutes réfifterent,
il n'y eut que deux ficelles qui partirent. Je
dis alors , nous pouvons traverfer Paris. Pendant cette opération , nous nous étions fenfiblement approchés des toits. Nous faifons
du feu & nous nous relevons avec la plus gran-

de facilité. Je regardai fous moi , & je dé-
couvre parfaitement les Miffions étrangeres.
Il me fembloit que nous nous dirigions vers
les tours de St. Sulpice , lefquelles je pouvois
appercevoir par l'étendue du diametre de
notre ouverture. En nous relevant , un courant d'air nous fit quitter cette direction pour
nous porter vers le fud. Je vis fur ma gauche
une efpece de bois que je crus être le Luxem-
bourg ; nous traverfons le Boulevard , &
je m'écrie , pour le coup , pied à terre. Nous
ceffons le feu ; l'intrépide Pilatre , qui ne
perd point la tête , & qui étoit en avant de
notre direction , jugeant que nous donnions
dans les moulins qui font entre le petit Gen-
tilly & le Boulevard , m'avertit. Je jette
une botte de paille , en la fecouant pour l'en-
flammer plus vivement ; nous nous relevons,
& un nouveau courant nous porte un peu fur
la gauche. Mon brave Compagnon me crie
encore, gare les moulins ; mais mon coup
d'œil fixé par le diametre de l'ouverture,
me faifant juger plus furement de notre direction , je vis que nous ne pouvions pas les
rencontrer , & je lui dis , arrivons. L'inf-

tant d'après je m'apperçus que je paffois fur
l'eau. Je crus que c'étoit encore la riviere ;
mais arrivé à terre , j'ai reconnu que c'étoit
l'étang qui fait aller les machines de la Manufacture de toiles peintes de MM. Brenier &
Comp. Nous nous fommes pofés fur la Butte
aux Cailles , entre le Moulin des Merveilles
& le Moulin Vieux , environ à 50 toifes de
l'un & l'autre. Au moment où nous étions
près de terre , je me foulevai fur la galerie
en y appuyant les deux mains ; je fentis le haut
de la Machine preffer foiblement ma tête ;
je la repouffai & fautai hors de la galerie ;
en me retournant vers la Machine , je crus
la trouver pleine ; mais quel fut mon étonnement , elle étoit parfaitement vuide &
totalement applatie. Je ne vois point M. Pilatre , je cours de fon côté pour l'aider à fe
débarraffer de l'amas de toile qui le couvroit ;
mais avant d'avoir tourné la Machine , je
l'apperçus fortant de deffous en chemife , at-
tendu qu'avant de defcendre , il avoit quitté
fa redingote & l'avoit mifé dans fon panier.
Nous étions feuls , & pas affez forts pour
renverfer la galerie & retirer la paille qui

étoit enflammée. Il s'agiſſoit d'empêcher
qu'elle ne mît le feu à la Machine. Nous crû-
mes alors que le ſeul moyen d'éviter cet inconvénient étoit de déchirer la toile. M. Pilatre prit un côté , moi l'autre , & en tirant
violemment, nous découvrîmes le foyer. Du
moment qu'il fut délivré de la toile qui em-
pêchoit la communication de l'air , la paille
s'enflamma avec force. En ſecouant un des pa-
niers, nous jettons le feu ſur celui qui avoit
ſervi à mon Compagnon ; la paille qui y reſ-
toit prend feu ; le peuple accourt, ſe ſaiſit
de la redingote de M. Pilatre & ſe la partage. La Garde ſurvient : avec ſon aide , en
dix minutes notre Machine fut en ſûreté , &
une heure après elle étoit chez M. Réveillon ,
où M. de Montgolfier l'avoit fait conſtruire.

La première perſonne de marque que j'aie
vue à notre arrivée , eſt M. le Comte de La-
val. Bientôt après , le Couriers de M. le
Duc & Mme. la Ducheſſe de Polignac , vinrent pour s'informer de nos nouvelles. Je
ſouffrois de voir mon brave Compagnon
en chemiſe ; & craignant que ſa ſanté n'en
fut altérée , vu que nous nous étions très-
échauffés

échauffés en pliant la Machine , j'exigeai de
lui qu'il fe retirât dans la premiere maifon ;
le Sergent de garde l'y efcorta pour lui
donner la facilité de percer la foule. Il
rencontra fur fon chemin Mgr. le Duc de
Chartres , qui nous avoit fuivis , comme
l'on voit , de très - près ; car j'avois eu
l'honneur de caufer avec lui un moment
avant notre départ : enfin , il nous arriva
des voitures ; il fe faifoit tard ; M. Pilatre
n'ayant qu'une mauvaife redingote qu'on lui
avoit prêtée , ne voulut point venir à la
Muette. Je partis feul , quoiqu'avec le plus
grand regret de quitter mon brave Compagnon.

Voilà , mon cher Faujas , un récit bien
long & bien diffus ; mais vous l'avez voulu.
J'efpere que vous ferez moins mécontent
du Mémoire que l'Acadamie m'a chargé de
rédiger , que vous y trouverez quelques
remarques intéreffantes , & , je crois , un
moyen de fe diriger à volonté.

LE BALLON DES TUILERIES.

Expérience du premier Décembre 1783.

Lettre de M. ROBERT, du 19 Novembre 1783.

NOUS avons annoncé il y a six semaines de nouvelles expériences aéroftatiques, pour fervir de fuite à celle que nous avons faite au Champ de Mars fous la direction & d'après les théories de M. Charles.

Nous venons de conftruire à cet effet, & toujours fur les mêmes principes, un nouveau Globe beaucoup plus confidérable que le premier. Ce Globe a 26 pieds de diametre & déplace environ 800 livres d'air.

Les Expériences que nous nous propofons de faire auront lieu le même jour, du 26 au 30 de ce mois, dans un enclos auprès de Paris, que nous indiquerons quelques jours auparavant.

Voici une notice de ces Expériences.

1°. Si les circonſtances le permettent, c'eſt-à-dire, s'il ne fait point un vent trop impétueux, une perſonne s'élevera dans un char appendu au bas de ce Globe, à une hauteur aſſez conſidérable pour tenter diverſes Expériences ſur l'électricité & la denſité de l'atmoſphere, ainſi que ſur la gravitation des corps.

2°. Ces Expériences faites ou eſſayées, nous deſcendrons cette perſonne, ainſi que le Globe, à l'aide des cordes qui les retiendront ; nous monterons nous deux à ſa place ; on coupera les cordes & nous voguerons dans l'athmoſphere à *Ballon perdu*. Nous nous ſervirons pour monter & deſcendre *à volonté*, de moyens auſſi ſûrs que ſimples, que M. Charles fera connoître à la fin du Mémoire hiſtorique qu'il ſe propoſe de publier inceſſamment ſur tous ces objets.

3°. Si les circonſtances s'oppoſent aux Expériences indiquées ci-deſſus, la derniere n'auroit pas moins lieu, c'eſt-à-dire, que nous partiſions toujours avec le Globe, ainſi que nous venons de le dire.

4°. Si par hazard le Globe se trouvoit fatigué par les premieres Expériences, alors l'un de nous deux partiroit seul.

5°. Si le temps étoit trop défavorable, c'est-à-dire, s'il pleuvoit fort, s'il faisoit un brouillard épais, un vent de tempête, l'Expérience seroit remise au lendemain.

Nous avons fait construire ce Globe à nos frais, ainsi que tous ses accessoires, & c'est un objet d'environ 10000 livres au moment où il partira, & nous voilà prêts tout-à-l'heure.

PRÉCIS *sur l'Expérience des Tuileries, du premier Décembre* 1783.

LES procédés pour remplir ce globe de gaz inflammable exigerent plus de temps qu'on n'avoit pensé, & pour en obtenir une quantité suffisante, il fallut plus de 70 heures. Enfin un accident qui arriva dans la nuit du Vendredi par l'imprudence d'un ouvrier, pensa devenir funeste à l'opération. Cet ouvrier ayant placé un lampion trop près

d'un tonneau rempli de gaz , le gaz prit
feu & le tonneau éclata. Heureusement que
l'ouvrier en fut quitte pour quelques brû-
lures au visage , & cette détonation n'eut
pas les suites fâcheuses qu'elle pouvoir avoir.
Malgré cet accident , l'épouse de l'un des
Physiciens vouloit absolument monter dans
le char attaché au globe ; on assure même
qu'une autre femme voilée se présenta la
veille chez MM. *Robert* , leur offrant 50
louis pour obtenir la permission de faire
avec l'un d'eux le voyage aérien ; ces Dames
furent poliment refusées.

Jamais il ne fut une plus belle journée
que celle de l'expérience. La réunion de
tout le beau monde de Paris dans le jardin
des Tuileries & sur les terrasses , & au-dehors
400 mille personnes formoient le spectacle
le plus superbe.

Le globe étoit de taffetas peint à ban-
des jaunes & rouges. Le char qui étoit
au-dessous & dans lequel s'éleverent MM.
Charles & Robert , étoit peint en bleu
& en or. Il étoit appendu au globe par un
grand nombre de ficelles attachées à un

bourlet formé par les extrémités d'un filet qui embraffoit le globe depuis fon pole fupérieur, jufqu'à fon équateur ; on avoit calculé que ce filet preffant d'une manière égale la moitié du globe , pouvoit élever un poids de 3 à 400 livres. Le char étoit appendu à environ 20 pieds de diftance de la partie inférieure du globe , & le robinet placé à l'orifice du globe , n'avoit d'autre emploi que celui de donner la facilité de remplir & de vuider la machine de gaz.

Voici le procédé qui fut employé pour charger le globe de gaz.

Sur une eftrade élevée étoit placé un gros tuyau de réunion , auquel fut adapté l'énorme fac de taffetas. Autour de l'eftrade étoient rangés des tonneaux remplis de gaz , & à chacun d'eux étoit adapté un tuyau particulier qui correfpondoit au tuyau de réunion. Au fignal donné , on donna entrée par le bas des tonneaux à l'air extérieur qui chaffa le gaz par en haut, & qui le porta dans le globe : il fe remplit affez promptement , & à une heure 40 mi-

nutes il s'éleva pompeusement avec MM.
Charles & *Robert*. Le bruit s'étoit répandu
que le globe seroit retenu par des cordes,
& que ces MM. ne partiroient point à *Ballon
perdu*, ainsi qu'ils l'avoient annoncé ; mais
lorsqu'on vit la machine s'élever librement
dans les airs , portant nos hardis Voyageurs
dans un char qui devenoit pour eux un char
de triomphe , malgré le sentiment de crainte
dont on ne put d'abord se défendre , les
applaudissemens les plus vifs retentirent de
toutes parts.

Le départ fut assez silencieux, le Public
étant d'abord partagé entre la surprise &
l'inquiétude : bientôt la joie devint générale ,
& il n'y eut plus qu'un vœu pour le retour
des nouveaux Argonautes. La Machine s'é-
loignant, on la salua par des battemens de
mains & en élevant les chapeaux ; les Suisses
mêmes participerent à la joie publique , en
balançant leurs sabres en l'air. Jamais les
Sciences n'ont offert un spectacle aussi ma-
jestueux , aussi impofant , & la Nation doit
s'enorgueillir d'une découverte que nous au-
rions reléguée , il y a six mois , dans la

claffe des menfonges hiftoriques , fi on nous l'eût citée, même d'Archimede. M. *de la Lande* , de l'Académie des Sciences , enthoufiafmé de cette fuperbe Expérience , convaincu du fuccès qu'elle devoit avoir, follicita , comme une faveur , de monter dans la Machine pour y fuivre fpéciale- ment les Expériences qui avoient été pré- parées ; mais il étoit jufte de laiffer cette préférence à MM. *Charles* & *Robert*.

Avant l'afcenfion de la machine aérofta- tique , on avoit lancé un petit globe verd , dont l'honneur avoit été réfervé à *M. Montgolfier* : ce fut lui qui le lança. Ce pre- mier globe s'étant élevé perpendiculaire- ment , fut apperçu pendant 14 minutes par des vues perçantes, qui n'avoient pas ceffé de le fixer : au bout de 5 minutes , il paroif- foit comme une émeraude , & bientôt après comme une étoile. Il fut dirigé par le vent d'Oueft , & la Machine aéroftatique par le vent de Sud-Eft.

Les voyageurs étant à quarante ou cin- quante pieds de hauteur , jetterent leurs chapeaux en figne d'adieux ; ils agiterent auffi des drapeaux blancs & rouges, qu'ils laifferent tomber lorfqu'ils parvinrent à des hauteurs convenues avec les Obfervateurs de l'Académie, placés fur le donjon du Château des Tuileries. Pouffés par un vent foible, ils s'éleverent en paffant fur le Faux-bourg Saint-Honoré, Mouffeaux, &c., à la hauteur de deux cens cinquante toifes environ, de forte qu'on ne les perdit de vue qu'à mefure qu'ils s'éloignerent. Ils difparurent en 55 minutes aux yeux des fpectateurs placés aux Tuileries. Lorfqu'ils ne diftinguerent plus rien fur la terre, & qu'ils furent certains qu'on ne les apperce-voit pas, même avec les télefcopes, ils quit-terent leur pofition, s'affirent, burent tran-quillement leur vin de Rota, & mangerent les provifions dont ils s'étoient munis. Ils difent que rien n'eft comparable à la pureté de l'air, à la tranquillité, *au bien-aife* dont ils jouiffoient à la hauteur où ils naviguoient. La terre ne paroiffoit à leurs yeux que comme un grand plat, nuancé de différentes ban-des grifes, noires & blanches; ils volerent ainfi pendant une heure, & paffant fur la

Montagne de Saunoy , le lieu le plus élevé
qu'ils euffent diftingué fur leur route , ils
defcendirent plufieurs toifes en ouvrant la
foupape , & appercevant des payfans , ils
s'entretinrent avec eux au moyen de leur
porte-voix. Ignorant un quart d'heure après
où ils étoient, ils s'abàttirent un peu plus
bas , & demanderent le nom de l'endroit.
On leur répondit , vous êtes fur l'isle-Adam.
Salut à Conti , s'écria alors M. Charles ,
& jettant une partie de fon left , il s'éleva
à plus de cent toifes. Il fit encore une lieue
à cette hauteur ; alors voyant de belles
plaines , il propofa à fon jeune ami de le
mettre à terre , pour pouvoir, lui-même ,
étant débarraffé de ce poids, qui étoit de
cent vingt-cinq livres , monter à une région
plus élevée , & faire fes obfervations. Le
jeune Robert y confentit ; on ouvrit la
foupape , & le Globe defcendit mollement ,
au point qu'il ne toucha la terre qu'après
l'avoir rafée à trois ou quatre pieds , l'efpace
de quarante toifes.

Mgr. le Duc de *Chartres* & quelques
Seigneurs avoient fuivi. A deux heures ils

avoient vu le Globe fur Argenteüil, à trois heures fur l'Isle-Adam , à trois heures trois quarts ils le virent defcendre à 9 lieues de Paris dans la prairie de Nesle , entre ce Village & celui d'*Hedouville*. Ce fait fut conftaté par un procès verbal , dreffé au moment de fa defcente , par M. *Charles* , dans le char même ; car ils ne pouvoient en fortir fans remplacer leur poids par un left équivalent. Mgr. le Duc de *Chartres* , le Duc de *Fitʒ-James* & Milord *Farrer* , arrivés à Nesle avec lui , fignerent ce procès - verbal.

M. *Charles* , empreffé de faire une feconde expérience , travailla à s'élever feul ; le poids du left de la Machine étoit diminué par la fortie de M. Robert, il quitta donc à quatre heures & un quart la prairie de Nesle avec une légéreté fpécifique , évaluée à environ 125 livres. La vîteffe avec laquelle il monta fut telle , qu'en moins de fix minutes on le perdit de vue, & qu'en 10 minutes il parvint à une hauteur fi confidérable , que le barometre qui marquoit à terre 28 pouces 4 lignes , étoit alors defcendu à 18 pouces 10 lignes, ce qui par évaluation à une ligne par dix toises lui donna à-peu-près une hauteur de *quinze cent vingt - quatre toises*, ou *neuf mille cent quarante-quatre pieds*; c'eſt environ quarante-quatre fois la hauteur des Tours de Notre-Dame; il évalua cette élévation par ſon barometre, & par le froid qu'il reſſentit, principalement à la tête. Un tintement qu'il eut dans les oreilles, la plume qui lui tomba des mains en voulant faire ſes obſervations, lui indiquerent qu'il riſquoit trop en reſtant dans une température auſſi froide; & ſur le champ il ouvrit ſa ſoupape pour deſcendre; il reparut aux yeux des gens qui le ſuivoient à l'aide de la direction du vent. Après pluſieurs déviations, cauſées par les différens courans d'air, il deſcendit, trente-cinq minutes après ſon départ, ſur la Terre de M. Farrer. Ce Gentilhomme ſe trouva auprès du Globe au moment où il toucha la terre. *Je vous confiſque*, dit-il à M. Charles en l'embraſſant, *vous êtes ſur ma Terre; vous m'appartenez, & je vous emmene priſonnier dans mon Château.* M. Charles

profita de cette offre gracieufe ; il paffa la
nuit chez cet aimable Gentilhomme, & le
lendemain partant à dix heures du matin,
il n'arriva à Paris qu'à cinq heures & demie
du foir.

Cette Expérience décifive pour la navigation aérienne n'aura point été oifeufe;
ce n'eft pas un fimple objet de curiofité
publique ; les Sciences vont déformais s'enrichir par des découvertes précieufes. Ce
n'eft pas qu'on ne foit parvenu fur les montagnes à des hauteurs très - confidérables ;
mais l'air des montagnes participe des émanations du fol & n'eft qu'une athmofphere
terreftre.

LETTRE de M. CHARLES.

L'INTÉRÊT dont j'apprends que le Public
m'a honoré me fait un devoir de lui adreffer,
à mon arrivée, une courte notice de la fuite
de mon voyage. Parti feul dans la Machine
Aéroftatique, à 4 heures & un quart, de la
prairie de Nesle, avec une légéreté fpécifique évaluée environ à 125 livres, je fus élevé

par une vîteſſe, telle qu'en 10 minutes, je
ſuis parvenu à une hauteur où le Barometre,
de 28 pouces 4 lignes qu'il étoit à terre, eſt
deſcendu à 18 pouces 10 lignes, ce qui,
par évaluation, fait à peu près QUINZE CENS
VINGT-QUATRE TOISES. De ſon côté, le
thermometre, qui marquoit à terre 7 degrés
& demi au-deſſus de 0, eſt deſcendu dans cet
intervalle à 5 degrés au deſſous de 0, terme
de la glace ; en ſorte qu'en 10 minutes, j'ai
paſſé de la température du printemps à celle
de l'hiver. Cette tranſition preſque ſubite de
12 degrés ne m'a fait éprouver d'autre ſenſation que celle d'un froid très-ſec & par conſéquent moins inſupportable.

La nuit, le froid, & ſur-tout l'engage-
ment que j'avois contracté avec Mgr. le Duc
de Chartres, m'ont déterminé à deſcendre
au bout de 35 minutes. J'ai mis pied à terre
dans les friches du bois de _la Tour du Lay_.
La diſtance que j'ai parcourue pendant ces 35
minutes étoit, par terre, d'une lieue & demie ; mais j'en ai fait plus de trois dans les
airs, relativement à des déviations fréquen-
tes, dont quelques-unes m'ont ramené ſur

moi-même. J'ai couché hier chez M. *Farrer*, Gentilhomme Anglois, qui, m'ayant apperçu dans ma route aérienne, s'eſt trouvé à ma deſcente. Parti aujourd'hui de chez lui à dix heures du matin, après m'être occupé de vuider & ployer le Globe, je ſuis arrivé à Paris à cinq heures & demie du ſoir. J'obſerve, Meſſieurs, qu'indépendamment du voyage heureux que M. *Robert* & moi avons fait, il n'eſt arrivé aucune eſpece d'accident à la Machine.

EXTRAIT d'un Diſcours de M. CHARLES dans la ſéance de . . . . au retour de ſon voyage aérien.

NOUS avons fait précéder notre aſcenſion, de l'enlévement d'un Globe de cinq pieds huit pouces, deſtiné à nous faire connoître la premiere direction du vent, & à nous frayer à peu près la route que nous allions prendre. Nous l'avons fait préſenter à M. de Montgolfier, que nos amis avoient eu ſoin de placer dans l'enceinte autour de nous; M. de Montgolfier coupa la corde,

& le Globe s'élança. Le Public a compris cette allégorie fimple : j'ai voulu faire en_ tendre qu'il avoit eu le bonheur de tracer la route.

Le Globe échappé des mains de M. de Montgolfier s'élança dans les airs, & fembla y porter le témoignage de notre réunion ; les acclamations l'y fuivoient. Pendant ce temps nous préparions à la hâte notre fuite ; les circonftances orageufes qui nous preffoient, nous empêcherent de mettre à nos difpofitions toute la précifion que nous nous étions propo- fée la veille. Il nous tardoit de n'être plus fur la terre. Le Globe & le Char en équilibre touchoient encore au fol qui nous portoit ; il étoit une heure trois quarts. Nous jetons 19 livres de left , & nous nous élevons au milieu du filence concentré par l'émotion & la fur- prife de l'un & de l'autre parti. Jamais rien n'égalera ce moment d'hilarité qui s'empara de mon exiftence, lorfque je fentis que je fuyois la terre ; ce n'étoit pas du plaifir , c'é- toit du bonheur. Echappé aux tourmens af- freux de la perfécution & de la calomnie ; je fentis que je répondois à tout en m'élevant au-deffus

au-deſſus de tout. A ce ſentiment moral
ſuccéda bientôt une ſenſation plus vive encore; l'admiration du majeſtueux ſpeƈacle qui
s'offroit à nous. De quelque côté que nous
abaiſſaſſions nos regards, tout étoit têtes;
au-deſſus de nous, un ciel ſans nuage; dans
le lointain, l'aſpeƈ le plus délicieux. Oh !
mon ami, diſois-je à M. Robert, quel eſt notre bonheur! J'ignore dans quelle diſpoſi-
tion nous laiſſons la terre; mais comme le
ciel eſt pour nous! quelle ſérénité ! quelle
ſcene raviſſante ! Que ne puis-je tenir ici
le dernier de nos détraƈeurs, & lui dire ?
Regarde, malheureux, tout ce qu'on perd
à arrêter le progrès des Sciences.

Tandis que nous nous élevions progreſſive-
ment par un mouvement accéléré, nous nous
mîmes à agiter dans l'air nos banderoles en
ſigne d'alégreſſe, & afin de rendre la ſécu-
rité à ceux qui prenoient intérêt à notre ſort;
pendant ce temps, j'obſervois toujours le
barometre. M. Robert faiſoit l'inventaire de
nos richeſſes : nos amis avoient leſté notre
Char, comme pour un voyage de long cours;
vins de Champagne, &c., couvertures &

fourrures , &c. Bon , lui dis- je , voilà de
quoi jeter par la fenêtre. Il commença par
lancer une couverture de laine à travers les
airs ; elle s'y déploya majeftueufement , &
vint tomber auprès du dôme de l'Affomption.
Alors le barometre defcendit environ à 26
pouces ; nous avions ceffé de monter , c'eft-à-
dire , que nous étions élevés environ à 300
toifes. C'étoit la hauteur à laquelle j'avois
promis de nous contenir ; & en effet , depuis
ce moment jufqu'à celui où nous avons dif-
paru aux yeux des Obfervateurs en ftation ,
nous avons toujours compofé notre marche
horizontale entre 26 pouces de mercure , &
26 pouces 8 lignes ; ce qui s'eft trouvé d'accord avec les obfervations de Paris. Nous
avions foin de perdre du left à mefure que
nous defcendions par la perte infenfible de
l'air inflammable , & nous nous élevions
fenfiblement à la même hauteur. Si les circonftances nous avoient permis de mettre
plus de précifion à ce left , notre marche eût
été prefqu'abfolument horizontale & à volonté.

Arrivés à la hauteur de Mouffeaux que nous

laiffions un peu à gauche, nous reftâmes un inftant ftationnaires. Notre char fe retourna, & enfin nous filâmes au gré du vent. Bientôt nous paffons la Seine entre Saint-Ouen & Af-nieres, & telle fut à peu près notre marche aérographique, laiffant Colombe fur la gan-che, paffant prefque au-deffus de Gennevil-liers. Nous avons traverfé une feconde fois la riviere, en laiffant Argenteuil fur la gau-che; nous avons paffé à Sanois, Franconville, Eeaubonne, Saint-Leu-Taverny, Villiers, traverfé l'Isle Adam, & enfin Nesle, où nous avons defcendu. Tels font à peu près les endroits fur lefquels nous avons dû paffer prefque perpendiculairement. Ce trajet fait environ neuf lieues de Paris, & nous l'a-vons parcouru en deux heures, quoiqu'il n'y eût dans l'air prefque pas d'agitation fenfible. Durant tout le cours de ce délicieux voyage, il ne nous eft pas venu en penfée d'avoir la plus légere inquiétude fur notre fort & celui de notre machine. Le Globe n'a fouffert d'au-tre altération que les modifications fucceffives de dilatation & de compreffion dont nous profitions pour monter & defcendre à volonté

d'une quantité quelconque. Le Thermometre
a été pendant plus d'une heure entre 10 & 12
degrés au-deſſus de 0, ce qui vient de ce que
l'intérieur de notre Char étoit réchauffé par
les rayons du ſoleil. Sa chaleur ſe fit bientôt
ſentir à notre Globe, & contribua, par la dilatation de l'air inflammable intérieur, à nous
tenir à la même hauteur ſans être obligés de
perdre de notre leſt; mais nous faiſions une
perte plus précieuſe, l'air inflammable, dilaté par la chaleur ſolaire, s'échappoit par
l'appendice du Globe, que nous tenions à la
main & que nous lâchions ſuivant les circonſtances pour donner iſſue à l'air trop dilaté.
C'eſt par ce moyen ſimple que nous avons
évité ces expanſions & ces exploſions que les
perſonnes peu inſtruites redoutoient pour
nous. L'air inflammable ne pouvoit pas briſer
ſa priſon, puiſque la porte lui en étoit toujours ouverte, & l'air athmoſphérique ne
pouvoit entrer dans le Globe, puiſque la preſſion même faiſoit de l'appendice une véritable ſoupape qui s'oppoſoit à ſa rentrée.

Au bout de 5 minutes de marche, nous
entendimes le coup de canon qui étoit le ſignal

de notre difparition aux yeux des Obfervateurs de Paris. Nous nous réjouîmes de leur
avoir échappé. N'étant plus obligé de compo-
fer ftriâement notre courfe horizontale,
ainfi que nous avions fait jufqu'alors, nous
nous fommes abandonnés plus entiérement
aux fpeâacles variés que nous préfentoit l'immenfité des campagnes au-deffus defquelles
nous planions; dès ce moment nous n'avons
plus ceffé de converfer avec leurs Habitans
que nous voyions accourir vers nous de toutes parts; nous entendions leurs cris d'alégreffe, leurs vœux, leur follicitude, en un
mot l'alarme de l'admiration. Nous criions
vive le Roi, & toutes les campagnes répon-
doient à nos cris. Nous entendions très-diftinc-
tement, mes bons amis, n'avez-vous point
peur? n'êtes-vous point malades? Dieu,
que c'eft beau! Nous prions Dieu qu'il vous
conferve : adieu, mes amis. J'étois touché
jufqu'aux larmes de cet intérêt tendre & vrai
qu'infpiroit un fpeâacle auffi nouveau. Nous
agitions fans ceffe nos pavillons, & nous nous
appercevions que ces fignaux redoubloient
l'alégreffe & la fécurité. Plufieurs fois nous

defcendions affez bas pour mieux nous faire
entendre ; on nous demandoit d'où nous
étions partis & à quelle heure , & nous mon-
tions plus haut en leur difant adieu. Nous jet-
tions fucceffivement , & fuivant les circonftances , redingotes , manchons , habits. Planant au-deffus de l'Isle-Adam, après avoir ad-
miré cette délicieufe campagne, nous fîmes
encore le falut des pavillons ; nous demandâ-
mes des nouvelles de Mgr. le Prince de Conti:
on nous cria avec un porte-voix qu'il étoit à
Paris , qu'il en feroit bien fâché. Nous re-
grettions de perdre une fi belle occafion de lui
faire notre cour , & nous ferions en effet defcendus au milieu de fes jardins, fi nous avions
voulu ; mais nous prîmes le parti de prolon-
ger encore notre courfe , & nous remontâ-
mes ; enfin nous arrivons près des plaines de
Nesle. Il étoit trois heures & demie paffées ;
j'avois le deffein de faire un fecond voyage &
de profiter de nos avantages ainfi que du jour.
Je propofai à M. Robert de defcendre. Nous
voyions de loin des grouppes de Payfans qui
fe précipitoient devant nous à travers les
champs. Laiffons-nous aller , lui dis-je ; alors

nous defcendîmes vers une vafte prairie. Des
arbuftes , quelques arbres bordoient fon enceinte. Notre char s'avançoit majeftueufement
fur un plan incliné très-prolongé. Arrivé près
de ces arbres , je craignis que leurs branches
ne vinffent heurter le Char. Je jettai deux livres de left , & le Char s'éleva par - deffus ,
en bondiffant à peu près comme un courfier
qui franchit une haie. Nous parcourûmes plus
de vingt toifes à un ou deux pieds de terre ;
nous avions l'air de voyager en traîneau. Les
Payfans couroient après nous , fans pouvoir
nous atteindre , comme des enfans qui pour-
fuivent des papillons dans une prairie. Enfin
nous prenons terre. On nous environne. Rien
n'égale la naïveté ruftique & tendre , l'effu-
fion de l'admiration & de l'alégreffe de tous
ces Villageois.

Je demandai fur le champ les Curés , les
Syndics ; ils accouroient de tous côtés ; il
étoit fête fur le lieu. Je dreffai auffi-tôt un
court procès verbal qu'ils fignerent. Arrive
un grouppe de Cavaliers au grand galop ; c'é-
toit Mgr. le Duc de Chartres , M. le Duc de
Fitz-James , & M. Farrer , Gentilhomme

Anglois , qui nous fuivoient depuis Paris.
Par un hazard très - fingulier nous étions defcendus auprès de la maifon de chaffe de ce
dernier. Il faute de deffus fon cheval , *s'é-*
lance fur notre char , & dit en m'embraf-
fant , *M. Charles , moi premier.* Nous fû-
mes comblés des careffes du Prince qui nous
embraffa tous deux dans notre Char & eut
la bonté de figner notre procès verbal : M.
le Duc de Fitz-James en fit autant ; M. Farrer le figna trois fois de fuite. On a omis fa
fignature dans le Journal , parce qu'on n'a pû
la lire ; il étoit fi agité de plaifir , qu'il ne
pouvoit écrire. De plus de cent Cavaliers qui
couroient après nous depuis Paris , & que
nous appercevions à peine du haut de notre
Char , c'étoient les feuls qui euffent pu nous
joindre. Les autres avoient crevé leurs chevaux ou y avoient renoncé. Je racontai brié-
vement à Mgr. le Duc de Chartres quelques
circonftances de notre Voyage. Ce n'eft pas
tout , Monfeignéur , ajoutai-je en fouriant ,
je m'en vais repartir. — Comment , repartir ? — Monfeigneur , vous allez voir. Il y
a mieux : quand voulez - vous que je redef-

cende ? — Dans une demi-heure. — Eh bien,
soit, Monseigneur, dans une demi-heure je
suis à vous. M. Robert descendit du Char,
ainsi que nous étions convenus en voyageant.
Trente Paysans serrés autour & appuyés des-
sus, & le corps presque plongés dedans,
l'empêchoient de s'envoler. Je demandai de
la terre pour me faire un lest; il ne m'en restoit plus que trois ou quatre livres. On va
chercher une bêche qui n'arrive point. Je demande des pierres, il n'y en avoit pas dans
la prairie. Je voyois le temps s'écouler, le
soleil se coucher. Je calculai rapidement la
hauteur possible où pouvoit m'élever la légéreté spécifique de 130 que je venois d'acquérir par la descente de M. Robert, & je dis
à Mgr. le Duc de Chartres : Monseigneur,
je pars. Je dis aux Paysans, mes amis, re-
tirez-vous tous en même temps des bords du
Char, au premier signal que je vais faire ; &
je vais m'envoler. Je frappe de la main ; ils
se retirent, je m'élançai comme l'oiseau ;
en dix minutes, j'étois à plus de 1500 toises, je n'appercevois plus les objets terrestres,
je ne voyois plus que les grandes masses de la

nature. Dès en partant, j'avois pris mes précautions, pour échapper aux dangers de l'explofion du Globe, & je me difpofai à faire
les obfervations que je m'étois promifes. D'a-
bord, afin d'obferver le barometre & le thermometre placés à l'extrémité du Char, fans
rien changer au centre de gravité, je m'age-
nouillai au milieu, la jambe & le corps tendus en avant, ma montre & un papier dans
la main gauche, ma plume & le cordon de
la foupape dans ma droite. Je m'attendois à
ce qui alloit arriver. Le Globe, qui étoit
affez flafque à mon départ, s'enfla infenfi-
blement. Bientôt l'air inflammable s'échappa
à grands flots par l'appendice. Alors je tirois
de temps en temps la foupape pour lui donner
à la fois deux iffues, & je continuois ainfi à
monter en perdant de l'air. Il fortoit en fifflant
& devenoit vifible, ainfi qu'une vapeur
chaude qui paffe dans une athmofphere beaucoup plus froide. La raifon de ce phénomene
eft fimple. A terre, le thermometre étoit à 7
degrés au-deffus de la glace; au bout de 10
minutes d'afcenfion, j'avois 5 degrés au-deffous. L'on fent que l'air inflammable contenu

n'avoit pas eu le temps de fe mettre en équilibre de température. Son équilibre élaftique étant beaucoup plus prompt que celui de
la chaleur, il en devoit fortir une plus grande
quantité que celle que la dilatation extérieure
de l'air pouvoit déterminer par fa moindre
preſſion. Quant à moi, expofé à l'air libre,
je paſſai en 10 minutes de la température
du printemps à celle de l'hiver. Le froid
étoit vif & fec, mais point infupportable.
J'interrogeois alors paiſiblement toutes mes
fenfations, *je m'écoutois vivre*, pour ainſi
dire, & je puis aſſurer que dans le premier
moment, je n'éprouvai rien de défagréable
dans ce paſſage fubit de dilatation & de
température. Lorfque le baromètre ceſſa de
monter, je notai très-exactement 18 pouces
10 lignes. Cette obfervation eſt de la plus
grande rigidité. Le mercure ne fouffroit aucune ofcillation fenfible. J'ai déduit de cette
ofcillation une hauteur de 1524 toifes environ, en attendant que je puſſe intégrer ce
calcul, & y mettre plus de précifion. Au
bout de quelques minutes le froid me faifit
les doigts, je ne pouvois prefque plus tenir

la plume. Mais je n'en avois plus befoin,
j'étois ftationnaire, & n'avois plus qu'un
mouvement horizontal. Je me relevai au
milieu du char & m'abandonnai au fpeᵭacle
que m'offroit l'immenfité de l'horizon. A
mon départ de la prairie, le foleil étoit
couché pour les habitans des vallons, bientôt il fe leva pour moi feul, & vint encore
une fois dorer de fes rayons le Globe & le
Char. J'étois le feul corps éclairé dans l'horizon, & je voyois tout le refte de la nature plongée dans l'ombre. Bientôt le foleil
difparut lui-même, & j'eus le plaifir de le
voir fe coucher deux fois dans le même
jour. Je contemplai quelques inftans le vague de l'air & les vapeurs terreftres qui
s'élevoient du fein des vallées & des rivieres.
Les nuages fembloient fortir de la terre &
s'amonceler les uns fur les autres en confervant leur forme ordinaire. Leur couleur
feulement étoit grifâtre & monotone, effet
naturel du peu de lumiere divaguée dans
l'atmofphere. La lune feule les éclairoit.
Elle me fit obferver que je revirai de bord
deux fois, & je remarquai de véritables

courans qui me ramenerent fur moi-même.
J'eus plufieurs déviations très-fenfibles. Je
fentis avec furprife l'effet du vent & je vis
pointer les banderolles de mon pavillon;
nous n'avions pu obferver ce phénomene dans
notre premier voyage. Je remarquai les circonftances de ce phénomene & ce n'étoit
point le réfultat de l'afcenfion ou de la defcente; je marchois alors dans une direction
fenfiblement horizontale. Dès ce moment
je conçus, peut-être un peu trop vîte, l'efpérance de fe diriger. Au furplus, ce ne fera
que le fruit du tâtonnement, des obfervations
& des expériences les plus réitérées.

Au milieu du raviffement inexprimable,
& de cette extafe contemplative, je fut rap-
pellé à moi-même par une douleur très-ex-
traordinaire, que je reffentis dans l'intérieur
de l'oreille droite & dans les glandes maxil-
laires. Je l'attribuai à la dilatation de l'air contenu dans le tiffu cellulaire de l'organifme,
autant qu'au froid de l'air environnant. J'é-
tois en vefte & la tête nue. Je me couvris d'un
bonnet de laine, qui étoit à mes pieds; mais
la douleur ne fe diffipa qu'à mefure que j'ar-

rivois à terre. Il y avoit environ sept à huit
minutes, que je ne montois plus; je com-
mençois même à descendre par la condensa-
tion de l'air inflammable intérieur. Je me
rappellai la promesse que j'avois faite à Mgr.
le Duc de Chartres de revenir à terre au bout
d'une demi - heure. J'accélerai ma descente,
en tirant de temps en temps la soupape supérieure. Bientôt le Globe vuide presque à moitié ne me présentoit plus qu'un hémisphere.
J'apperçus une assez belle plage en friche auprès du bois de la Tour du Lay. Alors je
précipitai ma descente. Arrivé à vingt à trente toises de terre, je jetai subitement deux à
trois livres de lest qui me restoient & que j'a-
vois gardé précieusement; je restai un ins-
tant comme stationnaire & vins descendre
mollement sur la friche même que j'avois,
pour ainsi dire, choisie. J'étois à plus d'une
lieue du point du départ. Les déviations fré-
quentes que j'essuyai, les retours sur moi-
même, me font présumer que le trajet aérien
a été de plus de trois lieues. Il y avoit trente-cinq minutes que j'étois parti; & telle est
la sûreté des combinaisons de notre Machine

aéroſtatique , que je pus conſommer & à volonté 130 de légéreté ſpécifique , dont la con-
ſervation également volontaire eût pu me
maintenir en l'air au moins 24 heures de plus.
Lorſque Mgr. le Duc de Chartres & M. le
Duc de Fitz-James me virent ainſi deſcendre
de loin & avec autant de préciſion , ils n'eurent plus aucune inquiétude ſur mon ſort ; & ,
laiſſant M. Robert avec nombreuſe compa-
gnie , venir à ma rencontre à travers les hal-
liers , les ſentiers , les vallées impraticables
à leurs chevaux fatigués , ils retournerent à
Paris , & le Prince bienveillant ſe hâta de
donner lui - même de nos nouvelles à tout le
monde , & de calmer l'alarme univerſelle que
notre diſparition avoit cauſée.

*PRECIS hiſtorique de la grande Expé-
rience faite à Lyon le 19 Janvier 1784.*

ET

L'Expoſé d'un moyen ingénieux pour diriger
à volonté les Ballons aéroſtatiques.

LE BALLON DES BROTEAUX DE LYON,

ou *LE FLESSELLES.*

L E ſuccès de l'Expérience de Verſailles
du 19 Septembre 1783 , engagea M. de
Fleſſelles, Intendant de Lyon , & quelques
Amateurs , à propoſer aux Citoyens de
cette Ville une Souſcription pour un Ballon
Aéroſtatique de 100 pieds de diametre horizontal , 110 pieds à 120 pieds de hauteur
perpendiculaire. Cette Souſcription qui ne
fut ouverte que le 22 Octobre , fut accueillie
avec empreſſement par toutes les perſonnes
notables

notables de la Ville ; & des Étrangers de
la plus haute diftinction fe firent gloire d'y
contribuer , & d'y prendre des actions.

Quelques amis de MM. de Montgolfier
crurent devoit propofer à M. de Montgolfier
l'ainé , qui a eu la plus grande part à une
découverte fi célebre , de venir d'Annonay
à Lyon , pour exécuter lui - même cette
énorme machine. Il fe rendit à leurs prieres ,
& fe chargea de la direction des travaux.

A cette époque , il n'y avoit encore eu
dans la Capitale aucun Voyage aérien à
Ballon perdu , & l'on ne fe propofoit à
Lyon qu'une expérience en grand d'un
Ballon aéroftatique. Il eft certain que fi
l'on eût eu dès-lors le projet d'un voyage ,
on auroit employé à la conftruction de cette
machine , des matériaux plus folides , une
toile plus ferrée & des nervures plus capables d'en foutenir le développement ; mais
nous le répétons , ceux qui avoient propofé
la foufcription ne vouloient que lancer un
Globe aéroftatique de la plus vafte di-
menfion.

Il fut donc conftruit en toiles très-com-

R

munes & d'un tiffu peu ferré, de celles
qu'on a coutume d'employer aux emballa-
ges des marchandifes de peu de valeur : deux
doubles de cette toile, coufus & piqués
enfemble, fourrés entre deux, par quatre
feuilles de papier, formerent cette immenfe
enveloppe : le tout étant piqué, & foutenu
par des rubans de fil de couleur rofe, coufus
en lofange fur toute la furface extérieure.

Il faut convenir que c'en étoit affez pour
l'expérience qu'on fe propofoit ; & l'événement a prouvé qu'un pareil Globe pouvoit
s'élever à une prodigieufe hauteur, malgré
la grande déperdition d'air dilaté qui doit
fe faire par un fi frêle tiffu.

Les expériences de la rue de Montreuil,
& fur-tout celle de la Muette, où des intrépides Voyageurs s'étoient élevés à Ballon perdu dans les Globes conftruits par M.
Etienne de Montgolfier, firent concevoir
à un militaire d'un mérite diftingué, le hardi
projet de tenter un pareil voyage dans la
Machine de Lyon ; mais la conftruction en
étoit déja fort avancée, & il n'étoit plus
poffible de lui donner la folidité convénable

à ce nouveau plan : néanmoins l'on se dis-
putoit la gloire d'être désigné pour y monter ,
lorsque M. Pilâtre de Rozier , le premier
des Voyageurs aériens , se rendit à Lyon ,
sur le bruit de cette grande Expérience ,
n'ayant d'autre dessein que d'en être simple
spectateur.

L'on s'empressa autour de lui ; M. de
Montgolfier l'aîné fit le plus grand accueil
à ce coopérateur zélé des Expériences faites
dans la Capitale par M. son frere ; & l'on
doit croire que l'intrépide M. Pilatre , ayant
été consulté sur le projet d'un nouveau voyage
dans les airs , ne le combattit point , mais
il proposa quelques réparations accessoires
pour en diminuer le danger , & fortifier
les parties qui sont le plus exposées.

En conséquence , le haut de la Machine
fut doublée extérieurement avec de la toile
de coton blanc posée en forme de calotte ;
& l'on assure qu'il en fallut plus de 300
aunes , quoique dans le développement du
Globe , cette partie parût de très-peu d'é-
tendue , & seulement dans la proportion
du cercle polaire sur une sphere terrestre.

La manche en fut faite en drap de laine, appellé *Cadis*, moins fufceptible que la toile, de prendre feu & de s'embrafer. On y adapta unegalerie en ofier formant une circonférence de 22 pieds de diametre de bord à bord extérieur, & de 17 pieds de diametre de bord à bord intérieur : le réchaud ou grille devant être fufpendu un peu au-deffus de la galerie, à la portée des Voyageurs, & correfpondre à fon centre. Un filet ou réfeau de cordes, fut deftiné à envelopper & contenir l'hémifphere fupérieur, & à maintenir la galerie dans un parfait équilibre.

La Machine développée devoit préfenter une forme fphérique très-élégante, le pole fupérieur étant un peu relevé, & le pole inférieur formant une efpece de col ou manche dans une proportion convenable à la grandeur & à la forme totale.

Le bruit de cette grande expérience s'étoit répandu dans toute l'Europe ; on accouroit des extrémités du Royaume & des Pays étrangers ; & l'on difoit hautement, que des perfonnes du rang le plus élevé, trouvant ce phénomene de l'induftrie de

l'homme, digne de leur curiofité, fe rendroient à Lyon pour jouir d'un fi grand
fpectacle.

Il y eut des gens d'une imagination exal-
tée, ou peut-être quelques mauvais plai-
fans, qui envoyerent aux Auteurs des Gazettes, un avis par lequel on fuppofoit à
MM. de Montgolfier & Pilâtre le projet ridicule d'aller déjeûner à Merfeille, ou dîner
à Paris. On leur fuppofoit même des moyens
affurés de fe diriger à volonté. Ne foyons
pas furpris que des François veuillent plai-
fanter de tout ; tel eft leur heureux carac-
tere ; mais on peut l'être, qu'il fe foit trouvé
des perfonnes judicieufes qui aient cru à cette
exagération.

Ceux qui connoiffent MM. de Montgolfier, & qui favent à quel degré ils joignent
la modeftie, le fang froid, & la défiance
d'eux-mêmes, aux talens & au génie, ne
leur imputeront jamais d'avoir conçu des
idées fi chimériques. M. de Montgolfier
l'ainé & M. Pilâtre ne cachoient à perfonne
que cette machine n'avoit point affez de
folidité & d'imperméabilité, pour efpérer

de pouvoir la foutenir long-temps dans fon développement ; & qu'il faudroit pour cela une prodigieufe quantité de matieres combuftibles ; ainfi leur projet ne fut que de s'élever à une grande hauteur ; peut-être ce projet même étoit-il téméraire ; mais c'eft le feul qu'ils aient conçu, s'en remettant pour l'étendue & la direction de leur voyage, au gré des vents.

Pendant qu'on travailloit à la conftruction du plus grand des globes aéroftatiques qu'on ait jamais ofé entreprendre jufqu'à ce jour, l'Académie de Lyon s'empreffa d'admettre parmi fes Membres affociés, M. Jofeph de Montgolfier l'ainé ; il y fut reçu par acclamation, ainfi que M. Pilâtre de Rozier.

On avoit choifi pour les expériences, la plaine des Broteaux, fitués fur la rive orientale du Rhône ; là on conftruifit une eftrade flanquée de deux mâts, & ceinte d'une clôture formant un amphithéâtre en gradins pour y placer les Soufcripteurs & les Dames.

Dès que l'attirail de cette immenfe machine y eût été tranfporté, l'affluence des

perfonnes de tous états ne ceffa point ; on
s'y rendoit en foule tous les jours pour fuivre
les opérations préparatoires ; en effet , on
ne pouvoit voir fans intérêt des Seigneurs
du plus haut rang , vêtus comme les ouvriers , expofés aux rigueurs de la faifon ,
& ne dédaignant pas de s'employer publique-
ment nuit & jour, aux travaux les plus pé-
nibles , pour accélérer leur voyage : voyage ,
auquel les Spectateurs , même les plus courageux , ne pouvoient penfer fans frémir.

Ce fut le Samedi 19 Janvier que fe fit
la premiere expérience publique ; mais nous
n'en parlerons point, non plus que des effais
qui eurent lieu les jours fuivans pour vérifier
le véritable état de l'enveloppe. Le Jeudi
15 , on fit l'épreuve de fon développement
total ; l'Expérience eut le plus grand fuccès :
cette énorme Machine de plus de 300 pieds
de circonférence , qui avoit , dans fa grandeur , la forme la plus élégante , fut chargée
en vingt minutes environ , alors elle préfenta le plus magnifique fpectacle , aux acclamations d'une foule immenfe. Il y fut
fait en préfence de l'Académie & de M.

de Sauffure , diverfes obfervations relatives
à la dilatation & à la chaleur de l'air intérieur.

MM. les Soufcripteurs s'étoient empref-
fés d'en faire hommage à M. l'Intendant
ce V....iffeau aérien fut appellé *le Fleffelles* ,
& mis fous le commandement de M. Pilâtre ;
parmi ceux qui avoient follicité l'avantage
de le monter , il étoit le feul qui eût déja
pratiqué la manœuvre propre à cette navigation.

Le pavillon de M. de Fleffelles fut attaché
au bord oriental du Globe , par les mains
de Madame l'Intendante. A la partie du
Nord qui formoit la proue du Navire , étoit
la Renommée ; & au-deffous de cette figure ,
on lifoit ces quatre vers par M. Vaffelier de
l'Académie de Lyon.

> Un efpace infini nous féparoit des Cieux ,
> Mais grâce aux MONTGOLFIER que le génie
>   infpire ,
> L'aigle de Jupiter a perdu fon empire ,
> Et le foible Mortel peut s'approcher des Dieux.

A la poupe , c'eft-à-dire , à la partie du

Sud , devoient être inscrits sur un tableau ; le jour , le lieu & les circonstances de l'enlévement de la Machine & des Voyageurs.

L'enveloppe ayant paru en état autant qu'elle pouvoit l'être , le jour de la grande Expérience fut fixé au lendemain 16 Janvier ; mais pendant la nuit il y eut de la pluie & de la neige , & le matin il gela , sans qu'on eût pu mettre les toiles à couvert.

Cependant le jour s'étant mis au beau sur les neuf heures du matin , on se rendit en foule autour de l'estrade : MM. de Montgolfier & Pilâtre assuroient que la machine étant en cet état , on ne pouvoit tenter l'Expérience sans y causer des dommages qui en empêcheroient le succès ; mais le desir & l'impatience des spectateurs se manifesta avec tant de vivacité , que ces Messieurs consentirent au vœu général.

L'enveloppe étant mouillée & chargée de glaçons , on fut obligé , pour opérer sa dilatation , d'employer un feu plus vif que ne le comportoient les premiers instans de l'Expérience , où le sommet est encore trop rapproché du foyer ; il arriva donc que la

partie fupérieure commençant à fe développer , il s'y fit diverfes ouvertures par l'effet
de l'humidité & d'une chaleur trop vive ;
peu s'en fallut qu'il n'y eût un embrafement ,
la machine s'étant affaiffée fubitement fur
le brafier. Au moyen des pompes on eut
bientôt éteint le feu ; mais on ne fauroit
exprimer la confternation générale , & le
chagrin des Voyageurs qui étoient tout prêts
à partir , vêtus de leur uniforme. Ce n'eft
pas fans regret que nous ajouterons qu'un
grand nombre de Spectateurs eut l'injuftice
de murmurer contre nos Phyficiens , tandis
que cette cataftrophe n'étoit due qu'à l'impatience exceffive du Public.

MM. de Montgolfier , Pilâtre & leurs
coopérateurs ne furent découragés qu'un inftant; auffi-tôt ils fe remirent à l'œuvre ,
& fans fonger aux fatigues extraordinaires
de la journée , ils s'employerent fur le
champ & jufqu'au foir du Samedi 17 , aux
réparations , avec la plus grande célérité :
la nuit même ne devoit pas interrompre
leurs travaux ; mais celle du 17 au 18 fut
remarquable par un orage violent , accom-

pagné de pluie & de neige : jamais on n'avoit
vu le Barometre defcendre autant & fi fubitement ; cet orage dura le lendemain Dimanche pendant toute la journée. On fe
donna beaucoup de foins pour garantir l'enveloppe, en la couvrant avec de la toile cirée,
mais on ne put y parvenir qu'imparfaitement.

Cependant le temps s'étant un peu remis
le Dimanche au foir, il fut décidé que pour
fatisfaire le defir général, l'enlévement auroit lieu dès le lendemain 19, & en conféquence nos Phyficiens s'y préparerent. Mais
que pouvoit - on attendre d'une enveloppe
faite avec de la toile foible & groffiere &
du papier, qui avoit été expofée à la pluie
& à la gelée pendant plufieurs jours de fuite,
& qui dans cet état avoit été travaillée par
diverfes Expériences. MM. de Montgolfier
& Pilâtre ne cacherent point qu'ils doutoient
du fuccès.

Avant ces cataftrophes fucceffives, fix
Voyageurs avoient obtenus d'y monter ;
favoir, MM. de Montgolfier & Pilâtre,
le Prince Charles, fils du Prince de Ligne ;
MM. les Comtes de Laurencin, de la Porte

d'Anglefort & de Dampierre. Dès le Lundi
matin MM. de Montgolfier & Pilâtre affu-
rerent de nouveau que la Machine étoit en
tel état, qu'il y avoit un danger évident à
monter, fur-tout en fi grand nombre , &
ils offrirent de s'y mettre eux feuls , ou trois
au plus.

Le filet deftiné à renforcer l'hémifphere
fupérieur ne put y être confervé ; car outre
qu'il furchargeoit la machine d'un poids de
fix à fept quintaux , c'eft qu'ayant été gelé
& exceffivement mouillé , il s'étoit rétreci ,
& auroit comprimé & ferré la machine
d'une maniere inégale lors de fon développement ; il fallut donc le fupprimer , &
diminuer d'autant la folidité de ce globe.

A onze heures trois quarts , tout étant
prêt , & la galerie leftée & meublée , on
donna par un coup de boîte le fignal du
feu allumé : l'accident qu'on avoit éprouvé
le Samedi 17 , engagea à modérer le feu
& à ne développer qu'avec lenteur cette
magnifique fphere ; à midi & trois quarts
elle préfenta fa forme complette , terminée
par la Galerie ; c'étoit un fpectacle vraiment

magnifique & impofant ; tout promettoit un
fuccès décidé ; le temps étoit beau , l'air de
vent étoit à peu près Eft-Sud-Eft , & devoit
porter la machine à travers le Rhône , fur
le quartier Saint-Clair & la Croix - Rouffe.

On attendoit le fignal du départ ; mais
MM. de Laurencin , d'Anglefort & de Dampierre craignant d'être exclus du voyage ,
avoient fauté des premiers dans la galerie ;
MM. de Montgolfier & Pilâtre infiftoient
de la maniere la plus preffante pour les
engager à s'en retirer , trouvant le nombre
des Voyageurs beaucoup trop confidérable ,
relativement à l'état de la Machine , &
exigeant qu'il fût réduit à trois au plus ;
favoir , eux-mêmes & le Prince Charles.

Mais tous ces Meffieurs animés d'une même
ardeur , refuferent d'abandonner leur pofte ;
on propofa de tirer au fort , ce qui fut refufé ;
enfin , & après des difcuffions affez vives ,
on propofa de demander l'avis de M. l'Intendant. M. de Fleffelles crut devoir déclarer
qu'il étoit infiniment préférable de fatisfaire
tous les illuftres Voyageurs qui avoient pris
pofte dans la galerie , en faifant quelques

facrifices fur l'afcenfion , & fur l'étendue du
voyage projeté.

· Pendant cette difcuffion , la machine , parfaitement développée & immobile , fe fou-
tenoit fur fon à plomb ; lorfqu'on fut d'accord , la boîte pour le fignal du départ fut
tirée & les cordes rendues ; il étoit une heure après midi : à l'inftant , la machine s'étant
déja élevée de trois à quatre pieds au-deffus
de l'eftrade , un jeune homme nommé Fontaine ; l'un des plus zélés coopérateurs à la
conftruction , plein de courage , faifit im-
prudemment la galerie , s'élance & prend
pofte , malgré les fix illuftres Voyageurs. L'afcenfion de la machine en fut ralentie , & deux
cordes ayant été oubliées & reftant fermes
entre les mains de ceux qui les tenoient dans
l'enceinte , le globe redefcendit très-incliné à
l'Occident ; dans cet état , il fe traîna à la diftance de quelques toifes de l'eftrade , fort près
de terre & touchant les fpectateurs. La frayeur
fut très-grande parmi eux ; l'une de ces deux
cordes s'engagea dans le mât occidental , la
galerie s'accrocha à la cloifon de l'enceinte &
en renverfa une partie : on vit le moment où

le globe éclateroit ou iroit dans une fituation renverfée, s'embarraffer dans des arbres. Les cordes furent enfin coupées, mais ce tiraillement oppofé à l'action du centre de gravité donna naiffance à une déchirure dans l'hémifphere fupérieur, qui faillit enfuite à coûter la vie à ces illuftres & intéreffans Voyageurs.

Cependant ayant forcé leur feu, le globe fe redreffa parfaitement, reprit fon à plomb & commença à s'élever avec majefté; il partoit par une direction de vent d'Eft affez léger, qui ne l'éloignoit pas beaucoup de la perpendiculaire fur le point du départ, cependant il fembloit fe diriger du côté du Rhône & devoir le traverfer fur le quartier Saint-Clair : M. Pilâtre, qui, ainfi que M. de Montgolfier, avoit annoncé tout le danger de s'embarquer fur une fi frêle machine, la voyant s'élever avec lenteur & fe diriger vers le fleuve, dit : Meffieurs, nous allons defcendre dans le Rhône ; alors ils forcerent de nouveau le feu, en y jetant des bouteilles d'efprit de vin ; le globe s'éleva auffi-tôt avec viteffe ; & l'air de vent ayant changé & tourné fubitement de l'Eft à l'Oueft, ils furent ainfi

tirés de ce pas dangereux ; ils vinrent repaf-
fer perpendiculairement fur l'eftrade , faifant
route à l'Eft-Sud-Eft, s'étant dès-lors élevés
à plus de cinq cens toifes.

L'émotion des fpectateurs, mêlée de joie
& de crainte, s'exprimoit par des cris & des
battemens de mains ; on entendoit de toutes
parts , les fouhaits du peuple en faveur des
Voyageurs téméraires qui expofoient fi évidemment leurs vies, pour les progrès de cette
belle découverte : ces Meffieurs, faluant avec
leurs mouchoirs pour raffurer la multitude in-
quiete, avoient répondu d'abord à la voix
feule, enfuite avec le porte-voix ; bientôt il
ne fut plus poffible de les entendre. De leur
côté, après avoir entendu le bruit exceffif &
tumultueux des acclamations d'un peuple immenfe, ils fe trouverent prefqu'auffi-tot dans
le calme le plus filencieux des Régions céleftes ; ce contrafte leur caufa une fenfation extraordinaire.

L'air de vent changea une troifieme fois
& devint Sud-Sud-Oueft, ce qui les porta au-
deffus des nouveaux bâtimens de la Loge de la
Bienfaifance. Au point même où ils prirent
cette

cette nouvelle direction , le drapeau de la Renommée fe détacha & vint à terre ; depuis
lors , la ligne qu'ils parcoururent jufques au-
deffus de la Loge, fut exactement marquée par
diverfes pieces de bois échappées de la machine. Etant arrivés dans une pofition tout-à-
fait perpendiculaire à la Loge , ils y reftèrent
en ftation environ quatre minutes ; à cette
grande élévation , le globe préfentoit le plus
beau fpectacle ; fa forme étoit fuperbe , étant
éclairée par les rayons du foleil ; on l'eût die
fixé dans le ciel , comme un nouvel aftre.

Ce fut dans cette ftation qu'on crut s'appercevoir qu'il fe rapprochoit de la terre ,
en prolongeant la ligne qu'il venoit de parcourir. En effet, bientôt on commença à diftinguer les Voyageurs, & même leur defcente
parut s'accélérer avec trop de vitelfe : ils par-
lerent avec leur porte-voix , mais on ne put
les entendre. En général , on crut d'abord
qu'ils defcendoient volontairement pour prendre la direction du vent , dans une région
inférieure , & fortir de la ftation qu'ils venoient d'éprouver ; mais les Connoiffeurs qui
diftinguoient très-bien que ces Meffieurs for-

S

çoient leur feu , fans diminuer la viteffe de
la defcente , furent pénétrés de terreur & fe
porterent du côté où la machine paroiffoit
arriver.

La frayeur s'empara bientôt de tous les
Spectateurs ; car l'on ne douta plus que les
Voyageurs ne vinffent en bas contre leur gré ,
lorfqu'on s'apperçut que le mouvement de defcente s'accéléroit de plus en plus , jufqu'à
l'inftant où ils toucherent à terre dans un
champ fitué entre la Loge de la Bienfaifance
& le chemin des Charpennes.

Il feroit difficile de peindre les tranfes &
les inquiétudes de ce peuple immenfe , incer-
tain du fort des Voyageurs ; d'abord on n'a-
voit vu de toutes parts que gens élévant les
mains par un mouvement involontaire , comme pour foutenir le ballon dans fa chûte ; on
n'entendit enfuite que des cris inarticulés.

Les premieres nouvelles furent très-effrayan-
tes ; les uns qui , en s'approchant du lieu où
le globe étoit tombé , n'y avoient vu que des
flammes & un énorme monceau de toiles ,
fans qu'il parût aucun de ces Meffieurs , les
difoient brûlés ou étouffés ; d'autres affi-

moient qu'ils s'étoient fracaffés dans leur chûte , mais les fortunés & intrépides Voyageurs , échappés du feu & débarraffés de leurs
entraves , ne tarderent pas d'emboucher eux-
mêmes le porte-voix , criant qu'ils n'avoient
point de mal ; ce qui , paffant de bouche en
bouche, eût bientôt raffuré la multitude ; alors
la joie fuccéda à la confternation , & une foule
immenfe fe porta avec précipitation au-devant
d'eux.

MM. de Montgolfier & Pilâtre fe trouverent à terre , les plus embarraffés dans l'enveloppe ; ils en furent dégagés par leurs illuftres compagnons. Si les Voyageurs & leur feu
ne furent pas abfolument enveloppés par la
toile de cette énorme fphere , ce fut un heureux effet du hazard ; au moment de la chûte , le globe fe renverfa du côté d'Oueft , où
il s'affaiffa , laiffant à l'Eft , la galerie , les
Voyageurs & leur feu à découvert.

Le Marquis d'Anglefort eût une dent caf-
fée , & le Prince Charles une contufion à la
jambe. Cependant nous vîmes , à l'inftant
même , que ces hardis Voyageurs étoient
tranquilles & de fang froid , ne s'occupant

qu'à éteindre le feu pour garantir l'enveloppe
de l'embrasement dont elle étoit menacée , &
à raffurer ceux qui étoient accourus les premiers , en leur affirmant qu'ils n'avoient point
de mal.

Ils, furent ramenés en triomphe par le peuple , & l'on n'entendoit de tous côtés que
*Vive Montgolfier & Pilâtre , Vive le Prince
de Ligne & tous les courageux Voyageurs.*
Ceux-ci fatisfaits de la joie de la multitude ,
fe tenoient fous les bras , ayant M. de Montgolfier au milieu d'eux , & on les voyoit fré-
quemment l'embraffer. Un foffé , affez pro-
fond & mouvant par un terrain boueux , fe
trouvant fur leur paffage , fut à l'inftant rempli de citoyens qui le firent traverfer à M. de
Montgolfier fur leur dos , & M. le Comte de
Laurencin fut enlevé & porté par le peuple.
Cette marche fut interrompue par l'arrivée
d'une voiture où M. de Montgolfier & cinq
des Voyageurs furent placés.Le peuple fe jeta
fur le fiege du Cocher , fur l'impériale &
derriere la voiture. Un Particulier préfenta
fon cheval à M. Pilâtre & voulut le conduire
par la bride ; celui-ci étoit couvert de la re-

dingote d'un Cavalier de Maréchauffée ; car
dans cet événement il avoit perdu fon manteau
& fes fouliers.

C'eft ainfi que les Voyageurs rentrerent
dans la Ville, toujours entourés d'une multitude immenfe ; la voiture étant traînée &
pouffée par le peuple & fans ceffe arrêtée dans
fa marche par ceux qui vouloient les voir de
près, & les embraffer.

Couverts de fueur, noirs de fumée, ils fe
rendirent chez eux dans ce cortege ; M. l'Intendant & M. le Commandant les envoyerent inviter à fe rendre à la comédie pour fatisfaire l'empreffement que le Public avoit de
les voir. Après quelques heures de repos, ils
y furent conduits & placés dans la Loge de
M. l'Intendant.

On repréfentoit *Iphigénie en Aulide.*
A leur arrivée, les acclamations, les battemens de mains, leur témoignerent de nouveau la fatisfaction publique. On fit recom-
mencer l'Opéra, dont les premieres fcenes
étoient jouées. Des couronnes de laurier leur
furent préfentées par Mme. de Fleffelles.
La modeftie de M. de Montgolfier l'empêcha

de laiffer fur fa tête celle qu'il avoit reçue ;
mais M. Pilâtre du Rozier , dès qu'il eut
reçu la fienne , s'empreffa de l'en couronner.
Lorfque Clytemneftre dit à fa fille :

Que j'aime à voir ces hommages flatteurs ,
Qu'ici l'on s'empreffe à vous rendre !

elle fe tourna du côté de la loge de M. l'Intendant ; & fembloit appliquer ces expref-
fions , fi énergiques dans cette circonftance ,
aux perfonnes qui étoient l'objet de l'empreffement général. Les Spectateurs fentirent
vivement cette allufion , & redoublerent
leurs acclamations.

Après le premier acte, quelques citoyens
ayant apperçu M. Auguftin de Montgolfier
dans le parterre, ils s'empefferent de l'élever
entre leurs bras, & de le préfenter au Public.
Enfuite ils le porterent dans la loge de M.
l'Intendant.

M. Fontaine fe trouvoit auffi au parterre ;
les Spectateurs s'en apperçurent ; les acclamations recommencerent ; il fut auffi cou-
ronné & conduit dans la loge où étoient les
autres Voyageurs ; tous les Spectateurs y

applaudirent, & témoignerent le même empreffement à leur fortie de l'Opéra ; la foule
les accompagna chez M. le Commandant,
& ils y fouperent. Des Muficiens amateurs
y vinrent leur donner des férénades.

Ce voyage mémorable par la vafte étendue de la machine & fon poids énorme, par
le grand nombre de Voyageurs , & par la
grande hauteur où elle eft parvenue, a duré
treize minutes, depuis le fignal de l'afcenfion du Globe jufqu'au moment de fon arrivée à terre.

Les obfervations fur le plus haut point
d'élévation de ce Globe aéroftatique ne s'ac-
cordent point entr'elles ; les unes le plaçant
à cinq cens toifes, les autres à mille : il n'y
eut pas en ce moment affez d'obfervateurs,
& les poftes où ils étoient placés n'étoient
pas également favorables. Quoi qu'il en foit,
ce globe s'eft prodigieufement élevé, fi l'on
confidere fa maffe & fa chétive enveloppe.
Quoique fon afcenfion fe foit faite à une
affez grande diftance de la Ville, & que les
maifons en foient très-élevées, il fut vu de
prefque toutes les rues, & paroiffoit devoir

y defcendre. Il a été apperçu de plus de dix
lieues de diftance des Broteaux, & l'on affure
qu'on l'a vu de Mâcon ; ç'auroit été bien
autre chofe, fi on l'eût conftruit dans les
mêmes dimenfions, avec une étoffe plus ferrée, ou même s'il fe fût foutenu plus long-
temps fans fe déchirer.

La premiere caufe d'une chûte qui pouvoit
être fi funefte, fut dans la mauvaife qualité
de l'enveloppe, qui par l'effet des expériences multipliées, des pluies, de la gelée &
du feu, étoit, le jour du départ, femblable
à un crible dans toutes fes parties. La feconde caufe fut le trop grand poids dont la
machine étoit chargée, à raifon du mauvais
état où elle fe trouvoit. La troifieme eft
provenue, comme nous l'avons dit, d'une
déchirure confidérable dans l'hémifphere fupérieur, occafionnée par le tiraillement de
deux cordes qui ne furent point rendues au
fignal du départ, par ceux qui les tenoient.
Cette déchirure fit dans la route des progrès
très-rapides, au point qu'il pouvoit facilement arriver que le globe s'entrouvrit tout-
à-fait dans fa plus grande élévation. Les

Voyageurs ne s'en apperçurent que par un
éclat bruyant qu'elle fit en fe prolongeant,
& auffi-tôt ils fe trouverent à terre, fans avoir
eu le temps de fonger au danger extrème,
où ils fe trouvoient.

La tentative du 17 & le voyage du 19
femblent indiquer, que lorfqu'il arrive une
déchirure confidérable, fur-tout dans la
partie fupérieure, on ne fait qu'accroître la
viteffe de la chûte, en pouffant vivement
le feu, bien loin de la ralentir; alors, ainfi
que l'ont éprouvé nos Voyageurs, il s'éta-
blit un courant rapide d'air athmofphérique,
paffant avec impétuofité par le réchaud &
par toutes les ouvertures de la manche, fe
portant avec la même force au travers de
l'intérieur du Globe, pour fortir par la déchirure, ce qui dans un clin d'œil entraîne
ou détruit totalement l'air dilaté, & préci-
dite la machine. Il nous paroîtroit donc
qu'en pareille circonftance, 1°. il faudroit
éteindre tout-à-fait le feu, ce qui fe pra-
tiqueroit en renverfant le réchaud, qui, à
cet effet, pourroit être monté en bafcule,
de maniere à rendre l'opération facile. 2°. Il

feroit à defirer qu'après le renverfement du
réchaud, il fut poffible de fermer promptement l'ouverture de la manche, comme l'on
fait d'une bourfe, de maniere à intercepter
ou ralentir tout courant d'air, foit defcendant, foit afcendant, qui fe feroit par la déchirure. Au furplus, nous pouvons nous
tromper dans nos conjectures, mais il fera aifé
d'en faire l'épreuve à terre, & l'objet eft.
d'affez grande conféquence pour mériter des
effais de la part de ceux qui feront conftruire
des ballons aéroftatiques.

Quoi qu'il en foit, bien loin qu'on doive
rien conclure de cet événement contre les
Machines conftruites & chargées, fuivant
la méthode que MM. de Montgolfier ont pré-
férée, on doit au contraire convenir que',
fuivant cette méthode, & en employant des
enveloppes d'un tiffu folide, on peut enlever dans des vaftes globes aéroftatiques, un
grand nombre de Voyageurs & des poids
confidérables, fans courir aucuns rifques.

Quant à l'immenfe, mais trop frêle machine de Lyon, conftruite feulement pour
être lancée à Ballon perdu, fans autre charge

que fon left, il y avoit de la témérité à s'en
fervir pour un voyage aérien. Auffi, quoique
l'expérience ait été très-belle, nos Voyageurs fe font vus néanmoins expofés aux
plus grands dangers ; car fi le premier air
de vent d'Eft fe fût foutenu, ils auroient
été portés fur le Rhône & feroient évidemment defcendus dans ce fleuve ; s'ils fe fuffent élevés davantage, le globe fe feroit
trouvé, à quelques cens pieds de hauteur,
prefque totalement déchargé par l'ouverture, qui pendant la route auroit fait les progrès les plus alarmans : alors leur chûte eût
été terrible. Enveloppés dans la toile avec
la galerie & leur feu, il y auroit eu un embrafement total, avant leur arrivée à terre.

Le globe a été démonté fur le champ, &
les matériaux, mis en ballots, ont été tranfportés dans les bâtimens de la Loge de la
Bienfaifance.

L' A R T

DE DIRIGER LES BALLONS.

MOYEN proposé par M. BULLIARD,
le 14 Janvier 1784.

NOUS nous empreſſons de joindre à ce Recueil, le précis des expériences que vient de faire M. Bulliard, Auteur de l'*Herbier de la France*, ſur un moyen qu'il propoſe pour diriger à volonté les *Ballons* aéroſtatiques & autres corps flottans dans l'air ou dans l'eau. Voici comment il s'exprime.

Le recul continuel qu'éprouve une piece d'artifice, quand on y a mis le feu, me paroît un moyen ſur lequel on peut compter pour faire remonter, contre les efforts de l'air ou de l'eau, un corps flottant quelconque: on eſt ſur-tout porté à le croire, quand on fait attention que l'on peut multiplier par-tout à volonté les forces d'une piece d'artifice & rendre ſon effet plus ou moins

violent, plus ou moins prompt & plus ou
moins durable. Je ne me fuis encore fervi,
dans mes expériences, que de fufées volan-
tes ordinaires, de différens calibres ; c'eſt
de leurs effets dont je vais rendre compte.
1°. J'ai attaché dans une direction horizontale, à un petit chariot d'enfant, du poids
de deux livres deux onces, une fufée volante du calibre de fix lignes ; elle l'a entraîné fur la glace à une diſtance de 32 pieds ;
j'ai répété cette expérience avec une fufée
du même calibre & le même chariot : &
quoiqu'il fe fût arrêté un inſtant pendant
que la fufée brûloit, il a encore parcouru
un efpace de 36 pieds. 2°. Avec une fufée
du même calibre que les précédentes, j'ai
fait remonter ce même chariot fur une planche de fapin de 14 pieds de longueur, inclinée de 4 pouces & affez mal rabotée : la rapidité avec laquelle il eſt monté, a paru être
la même que celle avec laquelle il venoit de
parcourir une ligne horizontale. 3°. Le 6 de
ce mois, à 4 heures & demie du foir, en
préfence de MM. Guillaume de Croiffy &
Charbonnier, & de plufieurs perfonnes qui

fe trouvèrent là, j'ai répété ces expériences fur l'eau; elles ont été faites dans ce
courant rapide qui vient du milieu de la
Seine mouiller les flancs du bateau des blan-
chiffeufes de l'Hôpital général. J'avois fait
faire un efpece de radeau en bois léger; j'a-
vois recommandé qu'on lui donnât, s'il étoit
poffible, les avantages qu'auroit un bachot
de 8 pieds & demi de long fur 15 pouces
dans fa plus grande largeur; mais l'ouvrier
s'eft un peu écarté des loix de fillage; il n'a
fait qu'un fimple rebord de 2 pouces de hauteur, & ne lui a pas donné affez d'obliqui-
té; ce qui n'a pas manqué de nuire aux expériences. J'ai attaché, dans une direction
horizontale, à une des extrèmités de cette
machine, une fufée du calibre de 8 lignes,
fur 6 pouces & demi de charge; on a mis
le feu à une mèche, dont la durée devoit
laiffer au radeau le temps fuffifant pour ètre
entraîné par le courant à une diftance de
50 pieds ou environ : à peine la piece d'artifice a-t-elle eu pris feu, qu'on a vu cette
machine remonter contre le fil de l'eau,
avec une rapidité à laquelle on ne s'attendoit

pas. Dans cette premiere expérience, la durée du feu n'a été que de 3 fecondes, & le
radeau n'a pu monter que 2 toifes ou environ. La fufée étoit plus forte qu'il ne falloit,
& il ne lui a manqué que de la durée. La feconde expérience avec une fufée du même
calibre, a mieux réuffi. Le feu a duré 4
fecondes au moins, & le radeau a parcouru
un efpace prefque double : cette différence
a dépendu principalement de la maniere
dont la fufée étoit placée. Je me propofe de
répéter ces expériences plus en grand ; mais
il n'eft pas néceffaire d'en attendre l'effet
pour conclure hardiment, que dès qu'on aura
donné aux Ballons aéroftatiques une forme
naviculaire, on en changera la direction à
volonté, au moyen du recul d'une ou de
plufieurs pieces d'artifices, maintenues dans
une direction convenable & placées felon
que les cas l'exigeront. Ce moyen ne fera
pas auffi coûteux qu'on fe l'imagine ; outre
que l'on n'aura pas toujours befoin de pieces de fort calibre, & qu'il fera même très-
rare qu'on en ait befoin, fi l'on vient à de-
falquer du prix d'une piece d'artifice, celui

des cartouches, & si l'on compte pour quelque chose la continuité de la consommation,
& la simplicité dont la main d'œuvre de l'artificier peut ètre susceptible, on verra que
la dépense des cartouches de métal une fois
faite, une piece d'artifice de 30 sols ne re-
viendra pas à plus de 7 à 8. D'ailleurs n'est-
il pas encore des procédés économiques qu'un
simple artificier ignore, mais dont la physique nous indique les succès? Qui sait mème
si l'on ne se contenteroit pas le plus souvent
des effets d'un simple éolipyle, lorsqu'on
n'auroit pas de grands efforts à vaincre; &
qui sait aussi où doivent se borner ces effets
de l'éolipyle.? Je crois avoir fait le premier
pas dans l'art de donner aux Ballons aérostatiques une direction volontaire; on en lan-
ceroit un aujourd'hui, que je voudrois le
conduire par les airs, & tout le monde pourroit le faire comme moi. Si cette découverte
peut ètre utile, c'est au Public à la juger;
le temps & l'expérience la perfectionne-
ront.

CALCUL

CALCUL

De la quantité de gaz inflammable obtenu par la combinaison du fer avec l'acide vitriolique, & du zinc avec l'acide marin.

PREMIÈRE EXPÉRIENCE.

Gaz inflammable, dont le poids est à celui de l'air atmosphérique (1), dans le rapport de 7 à 43.

	f.	d.
SIx onces d'acide vitriolique, à 66 degrés (2), coûtent. .	4	3
Quatre onces de limaille de fer extrait à l'aimant	1	
Dix-huit onces d'eau distillée, & menus frais	1	

Ces trois matières mêlées, ont fourni *un pied cube* de gaz. La dissolution ayant été aidée par la chaleur, a été complette dans une heure ½.

Le prix du pied cube a donc coûté à Javelle.....	6	3

(1) Le terme moyen de la pesanteur de l'air atmosphérique, est lorsque le baromètre est à 28 pouces.

(2) L'acide vitriolique, à 66 degrés, est le plus concentré du commerce, à l'aréomètre de M. *Baumé.*

T

DEUXIÈME EXPÉRIENCE.

Gaz inflammable, dont le poids eft à celui de l'air atmofphérique, comme 5 : 53.

	liv.	f.	d.
Six onces de limaille de zinc . .		5	
Six onces d'acide marin, très-concentré		7	6
Seize onces d'eau diftillée, & ménus frais		5	
Mélés enfemble ont produit un pied cube de gaz. La faturation ayant été aidée par la chaleur, a été parfaite dans ¼ d'heure. Ce pied cube de gaz inflammable, très-léger, a par conféquent coûté à la manufacture	13	6	

Les deux expériences que je viens de préfenter, étant le réfultat exact d'un grand nombre d'effais particuliers, peuvent devenir des termes de comparaifon pour des Globes de différens diamètres. Par exemple, fi l'on vouloit connoître le prix d'un Globe de 30 pieds de diamètre, ainfi que le poids qu'il pourroit fupporter, pour refter en équilibre avec l'air atmofphérique, à 28 pouces.

Circonférence .... 94$^{pi.}$ 3$^{po.}$

Superficie .... 1827$^{pi.}$ quar.

Solidité .... 141 37$^{pi.}$ cub.

Le pied cube d'air déplacé,
pefant dix gros, lorfque le
baromètre eft à 28 pouces,
fournit en légèreté. .... 1104$^{l.}$ 7$^{onc.}$ 2$^{gr.}$

Dont il faut d'abord déduire le
poids de 339 aunes de taffetas, évalué d'après celui
de M. Robert, à 6 onces
l'aune 127   2

Refte en légèreté 977   5   2

En défalquant encore, pour
les fangles, cordons, foies
& robinet 25

Refte en légèreté 952   5   2

Enfin, je fuppofe le Globe
plein de gaz, quoique les $\frac{4}{5}$
fuffifent, comme je l'ai éva-
lué, à près d'un fixième du
poids de l'air commun, qu'il
a déplacé; c'eft donc encore à fouftraire de l'excès de
légèreté 184   1   1$\frac{1}{2}$

Il reftera donc de légèreté : 768   4   6$\frac{1}{2}$

Prix des matieres.

Trois cens trente-neuf aunes
de taffetas gommé à la
copale, à double couche,
faifant le vuide comme la
veffie, à raifon de 10 livres
l'aune. . . . . 3390^l

Cinq aunes pour les coutures   50

14137 pieds cubes de gaz tiré
du fer à 6 f. 3 den. le pied
cube. . . . . 4417 16^f 6^d

Total du prix de la Machine .. 7857^l 16^f 6^d

Si on employoit le gaz retiré
du zinc, le Globe pourroit
fupporter 78 livres de plus,
mais il coûteroit alors 4124 l.
13 f. de plus que le précé-
dent Globe, ce qui feroit en
tout 11982 9 6

Malgré tous les foins qu'on
pourroit apporter à l'exécution d'un Globe de cette efpèce, il perdroit chaque
jour au moins 6 liv. de gaz,
ce qui feroit une fomme de
452 pieds cubes à 6^f 3^d
le pied cube en argent. 141 15 3

D'après une perte journalière auſſi conſidérable, on voit l'impoſſibilité de faire uſage du
gaz inflammable dans les expériences en
grand, à moins qu'on ne trouve une enveloppe dont le tiſſu ſoit plus ſerré que la veſſie,
& la baudruche qui laiſſe tamiſer les deux
eſpèces de gaz, avec une facilité qu'on
n'avoit pas encore appréciée, avant les dernières expériences de M. Faujas de Saint-
Fond (1).

(1) J'ai ſuppoſé la machine conſtruite & remplie
dans une manufacture autre que celles de la capitale ; ſans quoi j'aurois tenu compte des droits im-
poſés ſur les acides & autres matieres, qui augmen-
tent de près d'un ſixieme les prix indiqués.

***TABLEAU** comparatif des principales dimensions des Machines aérostatiques à air inflammable, avec diverses enveloppes, & des poids qu'elles peuvent enlever, en supposant l'air inflammable dans le rapport de 1 à 8.*

OBSERVATIONS.

Ces calculs sont faits pour trois especes d'enveloppes; savoir, de peau de chevre pesant 4 onces le pied quarré; de peau de mouton pesant 2 onces 4/7 le pied quarré; & de taffetas enduit pesant 3/4 d'once le pied quarré; il faudra déduire du poids de l'équilibre celui de tout ce qui sera ajouté à l'étoffe des Machines.

Diamètres.	*Superficies.*	*Solides.*	*Force en peau de chevre.*	*En peau de mouton.*	*En taffetas enduit.*	
pieds.	pieds.	pieds.	liv.	liv.	liv.	onces.
5	78 4/7	65 10/21	....	....	1	2
8	201 1/7	268 11/21	....	....	11	
10	314 2/7	523 17/21	....	....	24 1/2	
12	452 4/7	905 1/7	....	....	49	
14	616	1437 1/3	....	4	82	
16	804 4/7	2145 11/21	....	25	128	
18	1018 2/7	3054 6/7	....	50	196	
20	1257 1/7	4190 10/21	....	101	265	
22	1521 1/7	5577 11/21	32	160	342	
24	1810 2/7	7241 1/7	83	234	451	
26	2124 4/7	9206 1/7	150	327	582	
28	2464	11498 2/3	230	441	730	
30	2828 4/7	14142 6/7	340	576	916	
35	3850	22458 1/3	700	1101	1482	
40	5028 4/7	33723 17/21	1240	1659	2261	
45	6364 2/7	47732 1/7	1944	2474	3236	
50	7857 1/7	65476 11/21	2884	3539	4480	
60	11314 2/7	113142 5/7	5550	6493	7973	
70	15400	179666 2/3	9455	10738	12583	
80	20114 2/7	268191 1/7	14850	16526	18936	
90	25457 1/7	381857 1/7	21914	24048	27085	
100	31428 4/7	523809 11/21	30934	33553	37943	
125	49107 1/7	1023065 10/21	63487	67579	73462	
150	70714 2/7	1767857 1/7	113242	119135	127605	
175	96250	2807291 2/3	183834	191855	203385	
200	125714 2/7	4190476 1/21	278901	289377	304437	

Equilibre des Machines en toile, remplies
suivant les procédés de MM. de Montgol-
fier, en supposant l'air qui y est contenu,
moitié moins pesant que l'air atmosphéri-
que, & le poids de l'enveloppe à 2 onces
par pied quarré.

Diamètres.	20 pieds supporteroient...20 livres.
22.	46
24.	80
26.	128
28.	178
30.	245
35.	469
40.	794
45.	1224
50.	1788
60.	3373
70.	5678
80.	8835
90.	12977
100.	18238
125.	37162
150.	66097
175.	106766
200.	155357

Méthode graphique pour couper les fuseaux d'un Globe.

1°. Soit décrit le demi-cercle $A E C$ du diamètre du Ballon proposé, *fig.* 1, *planche* V, qui se trouve sur la *pl.* II.

2°. Elever du centre D une perpendiculaire $D E$.

3°. Diviser chacun des arcs $A E$ & $E C$ en six parties égales, & par ces points de division, tirer des parallèles au diamètre ;

4°. Construire une figure auxiliaire, *fig.* 2, *même planche*, dont la longueur est égale au développement des six parties comprises dans l'arc $C E$.

5°. A chacune des six divisions de cette même figure auxiliaire, tracer des parallèles 1, 2, 3, 4, 5, 6, sur lesquelles les dimensions du fuseau seront rapportées de la manière suivante :

6°. On partage l'arc $A 1$, *fig.* 1, en deux parties égales, & du point de partage on tire le rayon 1 D ; ensuite tous les rayons des parallèles $G 5$, $H 4$, $I 3$, $K 2$, $L 1$, feront portés du point *D* comme centre, pour décrire tous les arcs de réduction 5, 4, 3, 2, 1.

7°. On prendra la mesure de chacun de ces arcs de réduction que l'on apportera par ordre sur la figure auxiliaire ; c'est-à-dire, que l'arc 5 sera porté sur la parallèle 6, pour avoir les deux points du fuseau sur cette parallèle ; l'arc 4 porté sur la parallèle 4, & ainsi de suite ; ce qui détermine les six points de chaque côté de la ligne, qui servent à tracer le fuseau.

L'on prendra un patron en papier ou en carton sur cette dimension, & il servira de modèle pour couper le taffetas ou la toile destinée à former le Globe.

F I N.

V

I I

CPSIA information can be obtained
at www.ICGtesting.com
Printed in the USA
BVOW06s0915070817

PP8083200001B/5/P